A los que aman Lanzarote

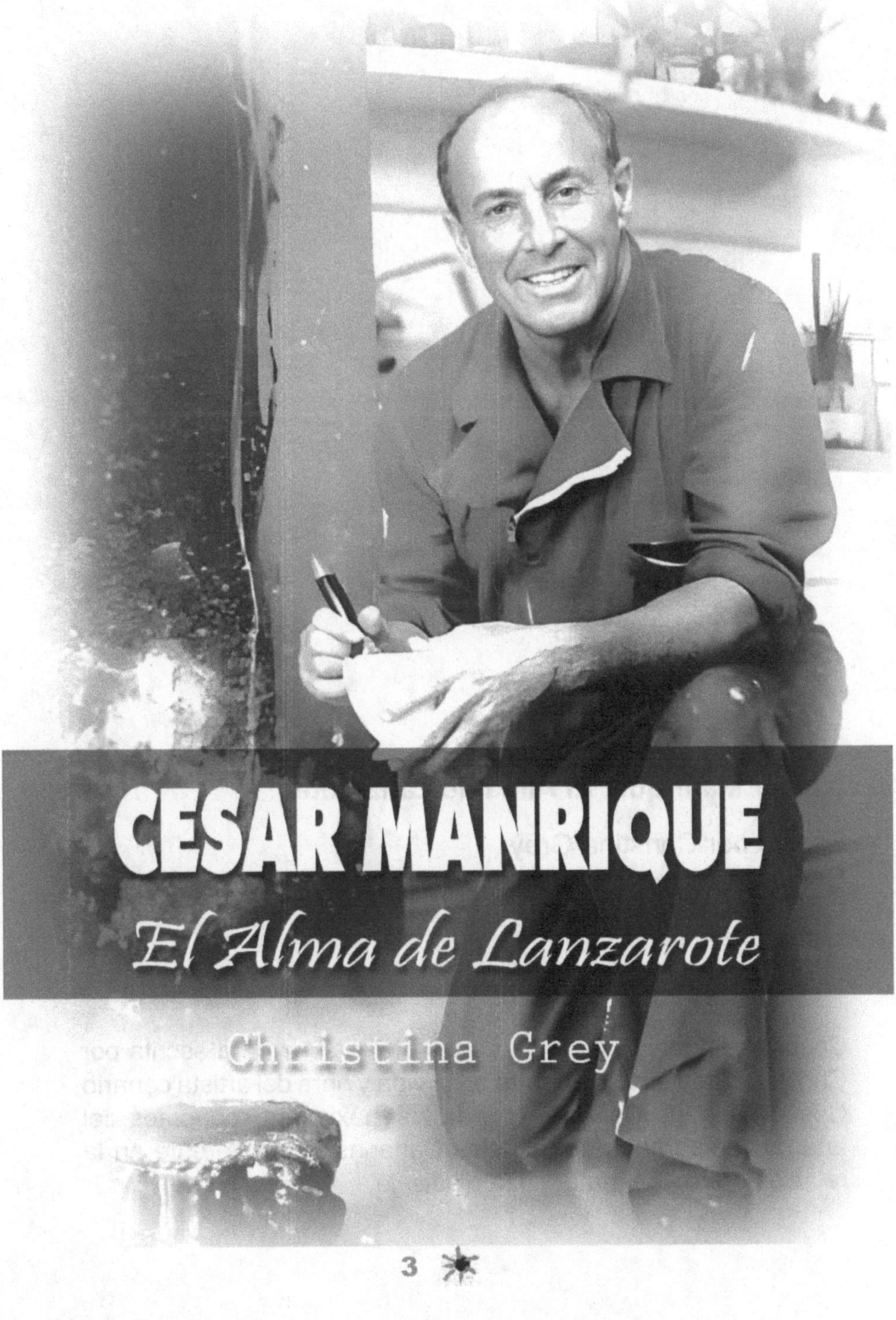

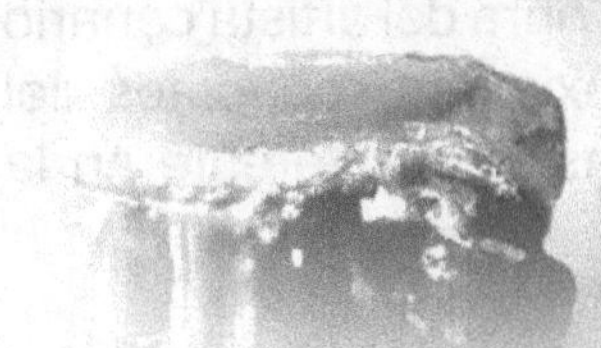

CESAR MANRIQUE

El Alma de Lanzarote

Christina Grey

"César Manrique: El Alma de Lanzarote"

Escrito por Christina Grey
Editor: Christian Francesco Schio

Lanzarote - 2023

César Manrique: El alma de Lanzarote" es una obra escrita por Christina Grey que se adentra en la vida y obra del artista canario César Manrique Cabrera, uno de los máximos exponentes del arte contemporáneo de las Islas Canarias y un referente en la relación entre arte, naturaleza y paisaje.

El alma entrelazada con la tierra

En el vasto lienzo de la historia del arte, hay figuras que trascienden el tiempo y el espacio, dejando huellas indelebles no solo en el campo de la estética, sino en el tejido mismo de la vida. César Manrique es una de esas luminosas constelaciones. Una estrella que, aunque ya no brilla en nuestro plano terrenal, todavía ilumina los paisajes de Lanzarote, sus gentes y, sin duda, este humilde relato.

Lanzarote, con sus paisajes volcánicos y mares cristalinos, es una tierra de contrastes; una tierra que desafía la noción misma de realidad, donde lo místico y lo tangible coexisten en una danza perpetua. Es aquí, en este escenario de sueños y silencios, donde César encontró su voz, su visión y, lo más importante, su verdadero yo. Como los antiguos alquimistas que buscaban convertir lo común en oro, Manrique tomó la cruda belleza de Lanzarote y la transformó en una sinfonía visual que todavía resuena en los corazones de todos los que la contemplan.

Aquellos que tuvimos la fortuna de conocerle, incluso si solo fue a través de su obra, hemos sentido la profundidad de su pasión y su compromiso inquebrantable con la tierra que amaba. Pero, ¿qué es lo que hace a Manrique tan especial, tan único en el vasto panorama del arte contemporáneo? La respuesta, aunque compleja, se encuentra en su habilidad para ver más allá de lo evidente, para escuchar los susurros de la tierra y del mar, y para traducir esos susurros en formas y colores que capturan la esencia misma de Lanzarote.

La obra de César Manrique no es solo un testimonio de su genio artístico, sino una puerta abierta a un mundo donde el arte y la naturaleza se entrelazan en una relación simbiótica. Su respeto por el medio ambiente, su deseo de conservar y proteger la isla, y su habilidad para integrar la arquitectura con el paisaje son un recordatorio de que el arte no es solo una expresión de la individualidad, sino una herramienta para conectar con algo más grande que uno mismo.

A medida que avances en las páginas de este libro, te invito a dejar atrás cualquier preconcepción y a embarcarte en un viaje que va más allá de la simple biografía. Este es un viaje al corazón de un hombre que vivió y respiró Lanzarote; un hombre cuyo legado es una celebración de la vida, la belleza y la interconexión de todas las cosas.

César Manrique fue, sin duda, un visionario. Pero más allá de eso, fue un amante de la vida, un defensor de la naturaleza y un embajador de la belleza de Lanzarote. Que este relato te inspire a ver el mundo a través de sus ojos, a sentir la magia que él sintió y a descubrir, en tus propias experiencias, la eterna danza entre el arte y la tierra.

Un nacimiento bajo el cielo de Lanzarote

El 24 de abril de 1919, Lanzarote, la isla del fuego y la lava, acogió un nuevo aliento de vida. El cielo, inmenso y profundo, lucía un azul intenso, interrumpido sólo por pinceladas de nubes blancas que flotaban con la gracia de lienzos en movimiento. El sol brillaba con un fulgor particular, bañando el paisaje con una luz dorada que hacía que todo resplandeciera con un halo especial.

Las olas del océano acariciaban las playas con un ritmo sosegado, casi como si la naturaleza supiera que estaba a punto de darle a la isla un hijo que la representaría con pasión y amor inigualables. Las piedras volcánicas, testigos mudos del paso del tiempo y de las erupciones pasadas, parecían vibrar con un palpitar ancestral, cálido y acogedor.

En el corazón de Arrecife, en una modesta pero acogedora casa, un llanto infantil rompía el silencio, anunciando la llegada de César Manrique. Ese llanto, tan vital y lleno de fuerza, resonaría con el mismo vigor en sus obras futuras, marcando la sinfonía de una vida dedicada al arte y a la isla que lo vio nacer.

Quién diría que ese pequeño, arrullado por los susurros del viento que traía aromas de salitre y tierra seca, sería la brújula que guiaría a Lanzarote hacia un horizonte donde el arte y la naturaleza bailarían en perfecta armonía. En sus primeros respiros, aún inconsciente del destino que le esperaba, César ya emanaba un aura especial, un reflejo del paisaje que lo rodeaba y que, con el tiempo, él mismo transformaría en un lienzo viviente.

La magia de Lanzarote había fusionado su esencia con este nuevo ser, prometiendo al mundo una sinergia entre hombre e isla que sería, en todos los aspectos, una obra maestra.

La casa familiar en Arrecife:

Arrecife, con sus callejuelas adoquinadas y sus casas blancas, siempre parecía estar en constante diálogo con el océano que la bañaba. Justo en uno de sus barrios más pintorescos, se encontraba la casa Manrique, una estructura sencilla pero robusta, edificada con el carácter de las casas canarias: paredes blancas que reflejaban el sol, contrarrestando la calidez del clima, y ventanas de madera que, al abrirse, dejaban entrar la brisa marina.

La puerta principal, de un azul desgastado por el paso del tiempo, se abría a un patio central. Un piso de baldosas rojas y blancas formaba un mosaico que recordaba a las olas que rompían en la costa. En este patio, las risas de César y sus hermanos resonaban a menudo, llenando el espacio con ecos de una niñez feliz.

Dentro de la vivienda, los muebles eran sencillos pero firmes, con la madera oscura pulida hasta brillar. Las paredes estaban adornadas con fotografías familiares en marcos de época y algún que otro cuadro paisajístico, antecesores del arte que César eventualmente crearía. El suelo, de madera maciza, crujía con cada paso, contando historias de generaciones anteriores que habían recorrido esos mismos pasillos.

La cocina era el corazón de la casa. El aroma del puchero canario se mezclaba con el olor del mar que entraba por las ventanas abiertas. Aquí, la familia Manrique se reunía al final del día, compartiendo historias mientras el joven César, con ojos curiosos y brillantes, se empapaba de cada palabra, cada gesto, cada sonrisa.

Aunque la casa era modesta, estaba llena de vida y amor. Cada rincón, cada objeto, parecía contar una historia. Y en este entorno, César comenzó a dar sus primeros pasos, no sólo como niño sino como artista. La vida cotidiana en Arrecife, con sus rituales, sus sonidos y sus colores, nutría su alma y alimentaba su imaginación, preparándolo para el viaje artístico que estaba destinado a emprender.

Primeras pinceladas:

En el cálido regazo de la casa Manrique, entre risas familiares y el aroma de comidas caseras, brotó el alma artística de César. Como la mayoría de los niños, estaba dotado con una innata curiosidad, pero lo que lo diferenciaba era la forma en que veía el mundo: un lienzo vasto, esperando ser llenado con su imaginación.

En una tarde cualquiera, la madre de César, mientras realizaba sus tareas domésticas, encontró a su pequeño con un trozo de carbón en la mano, trazando líneas sinuosas en un viejo papel de envolver. Lejos de ser meros garabatos, esos trazos, aunque infantiles, mostraban una sensibilidad y percepción singulares. Era como si, de alguna forma, el joven estuviera intentando capturar la esencia de Lanzarote, de sus playas, sus volcanes, y su cielo infinito.

Al ver su interés, la familia no tardó en proporcionarle lápices de colores y hojas más adecuadas. César se sumergía en estos materiales con una intensidad abrumadora. Cada color se convertía en una herramienta para plasmar su visión: el azul profundo del océano, el ocre de la tierra volcánica, el verde brillante de las palmeras.

A menudo, se le encontraba en el patio, absorto en su tarea, con la lengua ligeramente asomada en concentración, mientras sus dedos, aún regordetes por la niñez, se movían con una destreza sorprendente. Las imágenes que surgían de sus manos no eran simples representaciones de lo que veía; eran interpretaciones, sentimientos, momentos capturados a través de su perspectiva única.

Los vecinos y amigos de la familia, al visitar la casa y ver sus dibujos, no podían evitar sonreír y elogiar el talento del joven. Había algo en esos primeros trazos, algo indescriptiblemente mágico, que cautivaba el corazón de quienes los veían.

Para César, dibujar no era una simple actividad; era una necesidad, una forma de comunicarse con el mundo, de entenderlo y ser entendido. Estas primeras experiencias con colores y papeles no fueron meros pasatiempos de un niño, sino los cimientos de una pasión que definiría su vida y su legado. En esos momentos íntimos, con el papel y los colores como cómplices, nacía un artista.

El niño que veía más allá:

Hay individuos que, desde muy jóvenes, poseen una forma única de percibir el mundo. César Manrique era sin duda uno de ellos. Desde muy temprana edad, parecía tener una afinidad innata con su entorno, observando matices y detalles que la mayoría pasaba por alto.

En Arrecife, las playas se extienden como cintas de plata bajo el sol, pero para el joven César, no eran simplemente extensiones de arena. Recuerdo una anécdota que la familia solía contar sobre un día en que paseaban por la playa. Mientras los demás niños jugaban y corrían por la arena, César se quedó absorto mirando las olas rompiendo contra las rocas. Cuando su madre se acercó a él y le preguntó qué veía, él respondió con una inocencia desarmante: "Mamá, las olas no sólo son agua, son música."

Esas pequeñas observaciones, esos destellos de profunda conexión con el mundo a su alrededor, eran comunes en la vida de César. En otra ocasión, durante un paseo familiar por los campos de lava cerca de Timanfaya, mientras los demás veían un paisaje árido y desolador, él describió la escena como un "jardín de piedra", donde cada roca contaba una historia, cada sombra escondía un secreto.

Pero no era sólo la naturaleza lo que capturaba la atención de este joven. Las personas también eran una fuente inagotable de inspiración para él. Una tarde, mientras visitaban el mercado local, se le encontró dibujando a un anciano vendedor. No era un retrato común. En lugar de centrarse únicamente en los rasgos físicos, César capturó la fatiga en sus ojos, la historia en sus manos arrugadas, y la pasión con la que hablaba de sus productos.

Estos momentos, aunque parezcan triviales, eran reflejo de la profundidad con la que César Manrique veía el mundo. No sólo miraba, sino que realmente observaba, buscando significados, historias y conexiones en los lugares más insospechados. Esta habilidad de ver más allá de lo evidente, de percibir la belleza en lo cotidiano, sería una de las características definitorias de su arte y su vida. A través de sus ojos, Lanzarote no era simplemente un lugar, sino un tapeiz de historias, colores y emociones esperando ser contadas.

Juegos en la arena y el mar:

Las playas de Lanzarote, con su particular contraste entre el azul profundo del océano Atlántico y la arena volcánica, han sido el escenario de innumerables historias y memorias para sus habitantes. Para el joven César Manrique, estas costas no eran solo lugares de juego, sino también aulas vivientes donde su relación con la naturaleza y el arte se fortalecían con cada visita.

En las mañanas, cuando el sol aún se encontraba bajo en el horizonte y la brisa marina estaba impregnada del frescor del rocío, César, junto a sus amigos y hermanos, corría hacia el mar, dejando huellas efímeras en la arena. Los juegos eran tan variados como imaginativos: desde construir castillos con fosos y torres hasta perseguir a los pequeños cangrejos que se escondían entre las rocas.

Sin embargo, mientras que la mayoría de los niños se sumergían en el juego sin mayor reflexión, César mostraba una conexión especial con su entorno. Se podía ver cómo recogía conchas, estudiando sus patrones y colores, o cómo se quedaba absorto observando el juego de luces y sombras en el agua cuando el sol comenzaba a subir en el cielo.

Era común encontrarlo tumbado en la arena, trazando formas con un palo o sus propios dedos, dejándose inspirar por el entorno. Las siluetas de los volcanes, las aves que cruzaban el cielo y las olas que rompían con ritmo constante; todo se convertía en un estímulo para su joven mente artística. En esos momentos, su concentración era tal que parecía desconectar del mundo a su alrededor, totalmente inmerso en su proceso creativo.

Sus amigos y familiares solían comentar con cariño cómo César podía pasar horas en la playa, ya fuera jugando, dibujando o simplemente contemplando el paisaje. Para él, cada visita era una oportunidad para aprender y conectar aún más con la isla que tanto amaba.

Estas experiencias tempranas en las playas de Lanzarote no solo ofrecieron a Manrique un espacio de juego y diversión, sino que también alimentaron su sensibilidad artística, infundiendo en él un profundo amor y respeto por la naturaleza. En la arena y el mar, encontró una fuente inagotable de inspiración que, años más tarde, se reflejaría en su obra y su visión para la conservación de Lanzarote.

Las historias de la abuela:

En las casas antiguas de Lanzarote, cuando el sol se ponía y la oscuridad comenzaba a cubrir la isla, las familias se reunían en torno al fuego para compartir historias, secretos y leyendas. El hogar de los Manrique no era la excepción. En esta familiar tradición, la abuela de César se erigía como una narradora magistral, tejiendo historias que habían sido transmitidas de generación en generación, algunas tan antiguas como la misma isla.

César, con sus ojos brillantes de curiosidad, solía sentarse muy cerca de ella, colgando de cada palabra, absorto en los relatos. La abuela contaba historias de princesas encerradas en cuevas por brujas celosas, de valientes pescadores que se enfrentaban a monstruos marinos, y de volcanes que, según decían, eran la morada de antiguos dioses.

Una de las historias que más fascinaba a César era la leyenda de "Los Verdes", una serie de cuevas y túneles volcánicos en los que, según se decía, habitaban espíritus del pasado. Se contaba que, en ciertas noches, se podían escuchar sus susurros, y que aquellos que entraban en las cuevas con un corazón puro podían ver reflejos de eventos pasados en las aguas subterráneas.

Otro relato que resonaba en la mente del joven era el del "Árbol del Saber", un antiguo algarrobo bajo cuyas ramas se reunían los ancianos del pueblo para tomar decisiones y compartir su sabiduría. Se decía que este árbol tenía el poder de otorgar visiones a quienes se acercaban con verdadera humildad.

Estas historias, con sus personajes, paisajes y moralejas, alimentaban la fértil imaginación de César. Las narraciones de su abuela no sólo eran cuentos para pasar el tiempo; eran ventanas a un mundo lleno de magia, misterio y belleza. Cada historia estaba impregnada del espíritu de Lanzarote, y César, con su sensibilidad artística, absorbía cada detalle, cada emoción.

Estas noches alrededor del fuego, con su abuela como puente hacia un pasado lleno de leyendas, jugaron un papel crucial en la formación del joven artista. Las enseñanzas implícitas, la conexión con la tierra y la rica tapeztería cultural de Lanzarote, serían influencias que, aunque sutiles, se manifestarían en diversas formas a lo largo de su trayectoria artística.

La escuela y los maestros:

La pequeña escuela de Arrecife, con sus paredes encaladas y techos bajos, se erguía como un faro de conocimiento en medio del paisaje árido de Lanzarote. En su interior, aulas sencillas y amplias ventanas dejaban entrar la luz del sol, creando un ambiente cálido y acogedor, ideal para el aprendizaje.

Desde su primer día, César Manrique, con su cabello oscuro y ojos inquisitivos, se mostró como un estudiante curioso y dedicado. Aunque era evidente su amor por el arte y la creatividad, también demostraba un profundo interés por materias como la historia y la geografía, siempre ansioso por aprender más sobre el mundo que lo rodeaba.

Doña Carmen, su maestra de primer grado, fue una de las primeras en notar el talento especial de César. Durante las lecciones de dibujo, mientras otros niños trazaban figuras simples y paisajes básicos, César mostraba una capacidad innata para capturar detalles y reflejar emociones en sus obras. Sus trazos, firmes y seguros, revelaban una sensibilidad y madurez artística poco comunes en alguien de su edad.

Otro mentor clave en la vida del joven artista fue Don Alberto, el maestro de historia. Reconociendo el interés de César por las historias del pasado, tomó bajo su ala al joven, compartiendo con él relatos adicionales y mostrándole cómo el arte y la historia a menudo se entrelazan, dando forma a las culturas y civilizaciones. Estas charlas, a menudo después de clases, cultivaron en César un profundo respeto por el pasado y una comprensión de cómo el arte puede ser un vehículo para contar historias.

Pero más allá de la instrucción académica, lo que realmente hizo especial a estos años escolares para César fueron las relaciones que forjó con sus maestros. Doña Carmen, Don Alberto, y otros educadores vieron en él no sólo a un estudiante, sino a un joven artista con un potencial ilimitado. Estos maestros, con su aliento y guía, desempeñaron un papel crucial en el desarrollo temprano de César, ayudándolo a reconocer y nutrir su pasión por el arte.

Los corredores y aulas de esa escuela en Arrecife, con sus risas y lecciones, los ecos de la campana anunciando el receso y las tardes dedicadas a la exploración artística, quedarían grabados en la memoria de César Manrique. Estos recuerdos no sólo servirían como recordatorios de sus raíces, sino también como testamento del poder transformador de la educación y la mentoría en la vida de un joven artista.

Un mundo en blanco y negro:

En la Lanzarote de aquellos años, el tiempo parecía moverse con una cadencia diferente. Las sombras de las nubes se deslizaban lentamente sobre el suelo volcánico, mientras el silencio envolvía los pueblos y campos como una manta cómoda. Las voces de los ancianos contando historias, el repiqueteo de las herraduras de los caballos sobre el pavimento y el murmullo del océano Atlántico eran los sonidos que componían la sinfonía diaria de la isla.

Aunque la modernidad comenzaba a asomar sus primeros destellos en el horizonte, la vida en Lanzarote aún conservaba la esencia de una época más simple, casi "en blanco y negro", como las fotografías antiguas que adornaban las paredes de las casas familiares. En este escenario, cada objeto, cada edificio y cada persona parecían formar parte de una pintura en tonos grises, donde las luces y sombras jugaban un papel protagonista.

Para el joven César Manrique, este entorno se convirtió en su primer lienzo. Sus dibujos, aun siendo sencillos trazos de niño, capturaban la esencia de este mundo monocromático. Con carboncillos y lápices, plasmaba escenas cotidianas: pescadores regresando de la mar con sus capturas, mujeres llevando jarras de agua sobre sus cabezas, o niños jugando en las estrechas calles empedradas.

Sin embargo, lo que hacía especial a estos dibujos no eran solamente las imágenes que representaban, sino la manera en que César lograba transmitir la emoción de cada momento. En un simple boceto de un anciano sentado bajo la sombra de un algarrobo, uno podía sentir el peso de los años en sus hombros, la serenidad de sus pensamientos y el viento fresco rozando su piel curtida por el sol.

La paleta "en blanco y negro" de Lanzarote no limitaba la creatividad de Manrique, al contrario, la potenciaba. Esta limitación cromática le enseñó a encontrar belleza en los contrastes, a apreciar los matices y a entender que, a veces, la simplicidad puede ser la máxima expresión del arte.

Para aquellos que tuvieron el privilegio de ver sus primeras obras, quedó claro que César poseía un don especial. A través de sus dibujos, transformaba la realidad cotidiana en piezas que evocaban nostalgia, amor y una profunda conexión con su tierra natal. En ese mundo "en blanco y negro", César Manrique encontró su primer lenguaje artístico, sentando las bases de una trayectoria que, con el tiempo, lo llevaría a convertirse en uno de los artistas más emblemáticos de Lanzarote y, por extensión, de toda España.

Los amigos de la infancia:

La Lanzarote de la infancia de César era un crisol de aventuras compartidas, de secretos susurrados al oído y de carcajadas que resonaban en las callejuelas de Arrecife. Las plazas y las playas eran el escenario donde se forjaban amistades que, con el tiempo, demostrarían ser inquebrantables. En aquel mundo de descubrimientos y juegos, César encontró compañeros con quienes compartir su pasión naciente por el arte.

Pepe, con su desenfrenada energía y risa contagiosa, fue el primer crítico de César. No por conocimientos artísticos, sino por el simple hecho de ser su amigo más cercano. "¡Otra vez dibujando, César! ¿No prefieres jugar al fútbol?", exclamaba. Sin embargo, Pepe era el mismo que, tras observar detenidamente los trazos de su amigo, decía con una sonrisa traviesa: "Está bien, quizás tienes algo de talento".

María, con sus grandes ojos curiosos, siempre tenía palabras de aliento. "Es mágico, César", solía decir, perdida en los detalles de cada obra. Era ella quien organizaba "exposiciones" improvisadas en el patio trasero, donde los dibujos de Manrique se exhibían con orgullo ante un público compuesto por amigos y vecinos.

Antonio, el más serio del grupo, veía en los dibujos de César un reflejo de la Lanzarote que tanto amaban. Era común verlos discutir apasionadamente sobre los colores, las formas y las emociones que las creaciones del joven artista evocaban.

Estos amigos no solo compartieron risas y travesuras con César, sino que también se convirtieron en los pilares que fortalecieron su confianza en sí mismo y en su talento. Al ofrecerle su sinceridad, su crítica constructiva y su apoyo inquebrantable, ayudaron a moldear al artista que eventualmente brillaría en el panorama artístico.

A través de anécdotas llenas de ingenio, complicidad y cariño, se tejía la historia de un joven Manrique y sus camaradas. Historias de carreras desenfrenadas hacia la orilla del mar, de dibujos trazados en la arena y de tardes pasadas bajo la sombra de las palmeras, donde los sueños y aspiraciones de un grupo de niños se entrelazaban con hilos de amistad eterna.

Aunque el tiempo y la distancia eventualmente llevarían a César por caminos distintos a los de sus amigos de infancia, el recuerdo de aquellos días dorados, de las risas compartidas y de la pureza de su amistad, permanecería como un faro luminoso en su memoria, recordándole siempre la importancia de la genuina conexión humana en la construcción de su identidad y legado artístico.

El arte en el aire:

Las calles de Arrecife eran como un lienzo en blanco para el joven César. No se trataba simplemente de caminos de tierra y adoquines, sino de un escenario en el que cada esquina podía convertirse en una obra maestra. Incluso en las tareas más mundanas, César encontraba una oportunidad para dejar su huella artística.

Cuando su madre le pedía que colgara la ropa en la azotea, las prendas no se colgaban al azar. César las organizaba por colores, creando un arco iris de telas que ondeaba al viento. Si bien muchos veían simplemente ropa secándose al sol, quienes lo conocían bien podían apreciar la sinfonía cromática que el joven artista había compuesto.

Las paredes encaladas de su casa tampoco escapaban de su creatividad. Con permiso de sus padres, claro está, se permitió pequeñas intervenciones. Un rincón se adornó con un dibujo de un cangrejo, inspirado en sus tardes en la playa. Otra pared lucía un sutil diseño de olas que, si se miraba con atención, parecía moverse con el viento del Atlántico.

Los vecinos comenzaron a notar estos pequeños toques artísticos. Doña Carmen, la anciana que vivía dos puertas más abajo, un día le pidió que pintara unas flores en su puerta. "Para que cada vez que entre a mi casa, pueda recordar la primavera", le había dicho con una sonrisa arrugada pero sincera.

La magia de César no residía sólo en su habilidad para dibujar o pintar, sino en su capacidad para ver el arte en todo lo que le rodeaba, para transformar lo cotidiano en algo extraordinario. Era como si una melodía artística flotara a su alrededor, una melodía que sólo él podía escuchar, pero cuya danza todos podían ver.

Y mientras el sol se ponía sobre Arrecife, tintando de dorado y naranja las calles y casas, en el horizonte se perfilaba la silueta de un niño, su cabello al viento, mirando el mar con ojos llenos de sueños.

No era un simple niño, era César Manrique, el joven que llevaba el arte en el alma, y cuyo corazón latía al ritmo de la belleza que encontraba en cada rincón de su amada Lanzarote.

La familia Manrique:

En el entramado histórico de Lanzarote, una isla que ha resistido el embate de los vientos y las olas, una isla formada por la furia de los volcanes y moldeada por generaciones de isleños, destaca el linaje de los Manrique. Como las intrincadas raíces de un antiguo drago que busca su sustento en la tierra volcánica, la familia Manrique ha tejido su historia en los rincones y senderos de este paisaje lunar.

Desde los primeros registros en la parroquia local, el apellido Manrique ha estado vinculado a Lanzarote. Esta familia no sólo ha sido testigo del paso del tiempo y de los cambios socio-políticos de la isla, sino que ha sido protagonista en muchos capítulos del relato insular. Agricultores, comerciantes, artistas, líderes; los Manrique han dejado una huella indeleble en la historia de la isla, y entre ellos, César destaca como una joya preciosa en un mosaico ya de por sí brillante.

Es en este entorno, donde el aire lleva consigo el sabor del salitre y la fragancia del tabaibal, donde César Manrique, el pequeño de la familia, abre sus ojos al mundo. Siendo el menor de varios hermanos, crece rodeado de risas, historias y lecciones. Pero es la sangre Manrique, esa esencia que ha absorbido de generaciones anteriores, la que marca su destino. Una sangre que se mezcla con la lava petrificada, con las arenas blancas de las playas y con el azul profundo del Atlántico.

Para comprender la magnitud de la obra de César, es esencial viajar en el tiempo y revivir las historias de aquellos que llevaban su mismo apellido, de aquellos que, generación tras generación, sembraron en él un amor incondicional por su tierra y por el arte.

Así, te invito a sumergirte en el legado de una familia que no sólo ha dado a Lanzarote uno de sus hijos más ilustres, sino que también ha contribuido, con pasión y esfuerzo, a moldear la identidad y el carácter de esta isla mágica. Bienvenido a la historia de los Manrique, una historia que comienza, como todas las grandes historias, con raíces profundas y una promesa de futuro.

El hogar en Arrecife:

El aire en Arrecife lleva consigo una mezcla embriagadora de brisa marina y cotidianidad isleña. Aquí, en el corazón de la capital de Lanzarote, el joven César Manrique creció en el regazo de una ciudad en constante evolución, pero que siempre ha mantenido su esencia marinera y tradicional. Las callejuelas de la ciudad, bordeadas por las casas encaladas, se mezclan con el murmullo del mar y el cantar de los pescadores regresando con su pesca del día.

La casa de los Manrique, ubicada en una de estas serpenteantes calles, es una construcción típica canaria, con paredes blancas y madera oscurecida por el tiempo en puertas y ventanas. Al entrar, uno es recibido por un patio central, donde el cielo azul se cuela entre los balcones y corredores, y las plantas en macetas de barro adornan cada rincón. Es en este patio donde la familia se reúne durante las cálidas tardes, compartiendo historias y risas bajo el abrazo protector de su hogar.

La cocina es el corazón pulsante de la residencia. El aroma del potaje canario, con sus verduras y costillas, se mezcla con el de las papas arrugadas y el mojo picón, creando un ambiente de hogar y cariño. Aquí, la abuela de César, con su pañuelo atado con gracia en la cabeza y manos expertas, enseñaba al joven artista el arte de la cocina tradicional, mientras él, con ojos brillantes, se dejaba seducir por los sabores y texturas de la tierra que tanto amaba.

Las noches en Arrecife tenían su propio encanto. Tras las cenas familiares, César solía pasear por el malecón, observando el reflejo plateado de la luna en las aguas tranquilas de la Charca de San Ginés. Estos momentos, de soledad compartida con la naturaleza, nutrían su alma artística, dándole inspiración y paz.

Aunque la vida en Arrecife tenía su rutina, nunca era monótona. Los festivales locales, las procesiones religiosas y las ferias eran eventos esperados con ansias por el joven Manrique. En estos eventos, se mezclaba con los habitantes de la ciudad, aprendiendo de ellos, de sus historias y de sus tradiciones, absorbiendo todo lo que Lanzarote tenía para ofrecer.

Y así, en la simplicidad de la vida cotidiana en Arrecife, entre risas familiares, comidas tradicionales y paseos nocturnos, César Manrique encontró la paleta de colores y las texturas que, en el futuro, darían forma a sus creaciones magistrales. La vida en Arrecife no solo le brindó recuerdos, sino también las bases sólidas sobre las que construiría su visión artística.

Padre y madre, pilares fundamentales:

La esencia del joven César, con su mirada penetrante y su alma vibrante, es el resultado del crisol familiar en el que creció. Cada rasgo de su carácter, cada destello de su genio artístico, lleva la impronta de los dos pilares fundamentales de su vida: su padre y su madre.

Don Francisco Manrique, el padre de César, era un hombre de manos fuertes y mirada serena. Trabajador incansable, su amor por la naturaleza y por Lanzarote se reflejaba en cada actividad que emprendía. Era él quien llevaba a César en caminatas por los campos volcánicos, mostrándole la majestuosidad de las montañas y enseñándole a escuchar el susurro del viento entre las palmeras. A través de estas travesías, César heredó de su padre una apreciación profunda por el paisaje de Lanzarote y una comprensión intuitiva de cómo la tierra y el arte podían entrelazarse.

Por otro lado, Doña María Cabrera, la madre de César, poseía una sensibilidad innata para el arte que dejó una huella imborrable en su hijo. Con sus manos delicadas y ágiles, María solía bordar tapices y confeccionar vestidos, imprimiendo en cada puntada su amor y su pasión por la belleza. César pasaba horas observando a su madre trabajar, dejándose cautivar por el ritmo y la armonía con la que ella daba vida a los tejidos. De ella, César heredó la pasión por el detalle, la meticulosidad y el profundo respeto por el proceso creativo.

Los atardeceres en la casa Manrique eran momentos mágicos. A menudo, después de cenar, la familia se reunía alrededor del fuego, y mientras las llamas danzaban, Doña María contaba historias de antiguos artistas y de paisajes lejanos, sembrando en César el anhelo de expresarse a través del arte. Don Francisco, por su parte, relataba anécdotas de sus caminatas por la isla, pintando con palabras los paisajes que ambos, padre e hijo, habían explorado juntos.

César, con sus ojos brillantes y siempre atentos, absorbía todo, guardando en su corazón las lecciones de amor, pasión y dedicación que sus padres le transmitían día tras día. Y así, en el abrazo cálido de su familia, en la intersección entre el amor de un padre por la naturaleza y la sensibilidad artística de una madre, nacía la chispa creativa que eventualmente se convertiría en el fuego ardiente de la visión artística de César Manrique.

Los hermanos Manrique:

Dentro del mosaico de recuerdos que conforman la infancia de César Manrique, las vivencias con sus hermanos ocupan un lugar de honor, impregnadas de la vitalidad y el encanto que solo pueden ofrecer los lazos fraternos. Los juegos, las travesuras y las incontables aventuras compartidas tejieron una red de experiencias que influirían de manera indeleble en su percepción del mundo y su expresión artística.

Carlos y Amparo, sus hermanos, eran más que simples compañeros de juegos; eran sus confidentes, sus críticos, sus inspiraciones. El trío Manrique, como solían llamarles con cariño en Arrecife, se convirtió en una constante presencia en los paisajes de Lanzarote, siempre buscando nuevos rincones para explorar y nuevos misterios para descifrar.

Una de las anécdotas más entrañables que César solía rememorar con frecuencia era la de las expediciones secretas al viejo almacén del abuelo. Allí, entre cajas de telas y viejos utensilios, los tres hermanos se convertían en exploradores de tierras desconocidas, enfrentándose a dragones imaginarios y buscando tesoros escondidos. César, con su habilidad innata para el dibujo, solía trazar mapas detallados de estas "tierras lejanas", mientras Carlos y Amparo aportaban las historias y las leyendas que les daban vida.

Los juegos en las playas de Lanzarote eran otra fuente inagotable de inspiración. Amparo, con su creatividad sin límites, solía construir castillos de arena, mientras que César y Carlos se encargaban de protegerlos de las olas y de los imaginarios ejércitos enemigos. La visión de los tres hermanos, trabajando juntos bajo el sol, simbolizaba a la perfección la armonía y el amor que los unía.

Pero no todo eran juegos y risas. Hubo momentos de tensiones, pequeñas disputas que solían surgir cuando los tres intentaban decidir qué camino tomar en sus exploraciones o qué dibujo merecía un lugar destacado en las paredes de su habitación. Sin embargo, incluso en esos momentos, la conexión entre ellos era palpable. César solía decir que sus hermanos eran su "brújula creativa", los primeros en aplaudir sus logros y los primeros en señalar sus errores, siempre desde un lugar de amor y respeto.

Al recordar esos días, es imposible no percibir cómo las experiencias compartidas con Carlos y Amparo moldearon la sensibilidad y la visión de César. Fueron ellos quienes le enseñaron el valor de la colaboración, la importancia de la crítica constructiva y, sobre todo, la magia que surge cuando las mentes creativas se unen en pos de un objetivo común.

Los valores familiares:

El tejido familiar de los Manrique era mucho más que un simple entrelazado de relaciones y vínculos. Era una tapestería exquisitamente confeccionada de valores y tradiciones que se transmitían con amor de generación en generación. En el corazón de esta tapestería yace el profundo respeto por la tierra, una ética de trabajo inquebrantable y una pasión inflexible por conservar la belleza natural del entorno. Estos valores, inculcados en César desde su más tierna infancia, no solo moldearían su carácter, sino que también influirían en su prolífica trayectoria artística.

Desde temprana edad, César observaba con ojos curiosos a su padre laborar el campo, sintiendo el pulso de la tierra entre sus manos y tratando cada pedazo de suelo como si fuera un tesoro precioso. Era una danza diaria entre el hombre y la tierra, una que César aprendió a apreciar profundamente. El sudor, el esfuerzo y la dedicación eran más que acciones; eran lecciones vivas sobre la importancia de la ética de trabajo y el respeto por la naturaleza.

La madre de César, con su gracia y sabiduría, también desempeñó un papel crucial en la formación de sus valores. Le enseñó la importancia de la humildad, de estar arraigado a sus orígenes y de amar y proteger el entorno que les había brindado tanto. Las historias que ella narraba, cargadas de personajes que defendían su tierra contra adversidades, resonaban en el joven César como cánticos que invocaban un amor profundo por Lanzarote.

Más allá de las enseñanzas directas, los pequeños rituales diarios de la familia Manrique también eran testimonio de su compromiso con la conservación. Desde la recolección de agua de lluvia hasta la cuidadosa gestión de los recursos naturales, cada acción estaba impregnada de un profundo respeto por la naturaleza. César, con su aguda sensibilidad, absorbía estas lecciones, permitiendo que informaran su perspectiva y enriquecieran su creatividad.

El hogar de los Manrique no solo estaba lleno de risas y amor, sino que también era un santuario donde los valores eran tan tangibles como las paredes que los rodeaban. César llevó estas enseñanzas consigo a lo largo de su vida, permitiendo que guiaran su mano y su corazón en cada obra de arte que creaba. Al hacerlo, no solo honró el legado de su familia, sino que también reforzó la idea de que el arte y la naturaleza, cuando se abordan con respeto y amor, pueden coexistir en una simbiosis perfecta.

La abuela y las historias del pasado:

En el entramado familiar de los Manrique, donde cada miembro desempeñaba un papel crucial en la educación y formación de César, la figura de la abuela se erigía con una presencia casi mística. Mujer de piel curtida por el sol y manos que habían tejido innumerables recuerdos, su voz, ronca pero melódica, solía llenar el hogar con cuentos del pasado, historias de antepasados y relatos mágicos que flotaban en el aire de Lanzarote como partículas de un tiempo olvidado.

Las noches en el hogar Manrique tenían un ritual especial. Con el cielo estrellado de Lanzarote como testigo, César se acurrucaba junto a su abuela, su pequeño cuerpo absorbiendo el calor de las brasas y su mente, ávida de historias. Ella relataba anécdotas de los antiguos pobladores de la isla, valientes pescadores que desafiaban las olas y agricultores que conversaban con la tierra. Hablaba de amores trágicos entre princesas y pastores, y de espíritus que deambulaban por los riscos en las noches de luna llena.

Para el joven César, estos relatos no eran meras historias; eran ventanas a mundos olvidados, paisajes y personajes que cobraban vida en su imaginación. Podía ver en su mente las siluetas de los antiguos habitantes de Lanzarote, sentir el viento que acariciaba sus rostros y escuchar el susurro de sus secretos.

De su abuela, César heredó no solo el amor por el arte de narrar, sino también un profundo respeto por las tradiciones y la historia de su tierra. Cada historia, cada personaje, cada paisaje descrito, se convirtió en un trazo, en un color, en una textura que, años más tarde, encontraría eco en su obra artística. Los lienzos y murales de Manrique parecían contener ecos de esas historias, capas y capas de tradición y memoria que resonaban con la voz de su abuela.

La influencia de esta matriarca en la vida de César no puede ser subestimada. En ella encontró una guía, una musa y una conexión con un pasado que, aunque lejano en el tiempo, permanecía vibrante en el presente. A través de los ojos de su abuela, César aprendió a ver más allá de lo evidente, a buscar la magia en lo cotidiano y a entender que el arte y la historia están intrínsecamente entrelazados, como los hilos de una tapestería que cuenta la historia de un pueblo.

Fiestas y celebraciones:

En el hogar de los Manrique, cada festividad tenía un color, un aroma y una melodía propia que reverberaba en los rincones de su casa en Arrecife. Las celebraciones no eran solo un reflejo de las tradiciones lanzaroteñas, sino también del espíritu unido y festivo de esta familia, que sabía cómo honrar el pasado mientras abrazaba el presente.

La Navidad inundaba la casa con el aroma a incienso y a mariscos frescos. El joven César, con sus manos ya inquietas, participaba activamente en el montaje del belén familiar, aportando su toque creativo. Pequeñas figuras de arcilla, algunas moldeadas por él mismo, poblaban este escenario, mientras que las luces parpadeantes se reflejaban en sus ojos emocionados. La Nochebuena era un alboroto de risas, canciones y el sonido de las zambombas. La familia se reunía alrededor de una mesa repleta, compartiendo no solo alimentos, sino historias y recuerdos.

Semana Santa, por su parte, traía consigo un tono más solemne. Las calles de Arrecife se llenaban de procesiones, y los Manrique se vestían con sus mejores ropas para asistir a los oficios religiosos. Era un momento de reflexión, pero también de comunidad. Las tradicionales "torrijas", empapadas en miel, eran un manjar esperado por todos, especialmente por César, quien siempre se mostraba ansioso por esa dulce recompensa.

Las fiestas patronales, en honor a la Virgen de los Dolores, eran quizás el momento más vibrante del año. La música y los bailes folklóricos resonaban en cada esquina. La familia Manrique, como buenos lanzaroteños, se unía a las celebraciones con fervor. César, aún en su juventud, demostraba un especial interés en los trajes tradicionales y en los ritmos de la música, moviéndose con una gracia natural al ritmo de los tambores y las guitarras.

Estas festividades no solo ofrecían a César una ventana a las tradiciones de su isla, sino también una oportunidad para expresar su creatividad. Ya fuera decorando, bailando o simplemente absorbiendo la atmósfera festiva, encontraba inspiración en cada detalle, en cada sonrisa compartida, en cada mano extendida en un gesto de amistad.

A través de estas celebraciones, el joven artista aprendió sobre la riqueza de su cultura y sobre la importancia de la comunidad y la tradición. Cada fiesta, cada reunión familiar, se convertía en una paleta de colores, sonidos y emociones que, sin duda, influirían en su perspectiva artística en los años venideros.

La educación en casa:

Antes de que César Manrique pisara las aulas de una escuela, el hogar de los Manrique en Arrecife ya era un hervidero de aprendizaje y curiosidad. La casa, con sus paredes blanqueadas y sus ventanas que dejaban entrar el cálido sol de Lanzarote, se convertía en una escuela en sí misma, donde cada rincón, cada conversación y cada gesto cotidiano ofrecía una lección invaluable.

Los Manrique eran una familia que valoraba profundamente la educación, no solo en el sentido académico, sino también en el desarrollo integral del ser humano. En este hogar, el aprendizaje no se limitaba a las letras y los números, sino que abarcaba valores, tradiciones, y una profunda conexión con la tierra y su cultura.

La madre de César, una mujer de carácter dulce pero firme, era una fuente inagotable de historias y saberes. Con ella, César aprendió las primeras letras, pero también escuchó relatos sobre los ancestros de la familia, sobre las costumbres de Lanzarote y sobre las leyendas que han moldeado la identidad de la isla. Ella, con su voz melódica, le inculcó el amor por las palabras y el poder de la narrativa.

Su padre, por otro lado, le mostró la importancia del trabajo y la dedicación. A través de sus manos ásperas pero cariñosas, César entendió que cada acción, por pequeña que fuera, tenía un propósito y un significado. Las tardes pasadas con él, ya fuera en pequeñas tareas domésticas o en caminatas por los paisajes volcánicos de Lanzarote, le enseñaron a observar, a cuestionar y a apreciar la belleza en lo cotidiano.

Los hermanos Manrique, con sus juegos, risas y ocasionalmente discusiones, también desempeñaron un papel crucial en la formación temprana de César. Juntos, exploraban rincones ocultos de Arrecife, construían mundos imaginarios y se retaban mutuamente en innumerables aventuras. Estos momentos no solo fortalecieron sus lazos fraternales, sino que también fomentaron la imaginación y la creatividad de César, elementos que luego serían fundamentales en su trayectoria artística.

Por supuesto, no todo era juego y diversión. La disciplina, la responsabilidad y el respeto eran valores esenciales en el hogar Manrique. César aprendió tempranamente que la libertad y la creatividad debían ir de la mano con el compromiso y la ética.

A través de este cálido mosaico de experiencias, la familia Manrique preparó a César para enfrentar el mundo exterior, dotándolo de una base sólida que lo acompañaría a lo largo de su vida. El hogar, con sus lecciones diarias, sus risas y sus momentos de reflexión, fue el primer lienzo en el que César Manrique empezó a dibujar su visión del mundo.

Primeros reconocimientos:

El hogar de los Manrique, con su ambientación cálida y familiar, siempre fue un santuario de amor, apoyo y afirmación. Sin embargo, había un rincón particular de esa casa que albergaría la semilla del talento de César: una pequeña pared en el salón, donde, con el paso de los años, comenzaron a aparecer dibujos y bocetos, testimonio de la creciente habilidad artística del joven Manrique.

Uno de los primeros dibujos que encontró un lugar especial en esa pared fue una representación de la costa de Lanzarote. A pesar de su sencillez, el trazo seguro y el innato sentido de perspectiva de César capturaron la esencia del lugar. El cielo, las olas y las formaciones rocosas se entrelazaban en una danza delicada, demostrando una sensibilidad artística sorprendente para un niño de su edad.

Al verlo, la madre de César, con su ojo clínico para los detalles, fue la primera en darse cuenta del potencial de su hijo. Acarició el papel con una sonrisa melancólica y afirmó: "Este tiene el don de ver más allá de lo que los ojos muestran". El padre, por su parte, se acercó para examinarlo con detenimiento y, tras un breve silencio, colocó con orgullo el dibujo en el centro de la pared del salón. Para la familia Manrique, esa no era solo una pieza de papel, era la constatación de que había nacido un artista en su seno.

Los años escolares trajeron consigo más oportunidades para que César demostrara su talento. Durante un concurso de dibujo en la escuela, presentó una pieza que representaba la vida cotidiana de Arrecife. No solo capturó las estructuras y paisajes, sino también las emociones y la atmósfera del lugar. Esa obra le valió un premio escolar, y cuando regresó a casa con el certificado en mano, la familia Manrique organizó una pequeña celebración en su honor. Fue una velada llena de risas, música y bailes típicos de la isla.

Más allá de los premios y reconocimientos, lo que verdaderamente quedó grabado en el corazón de César fueron los momentos de aprecio genuino que recibió de su familia. Cada vez que sus hermanos se acercaban con asombro a examinar sus creaciones o cuando sus padres compartían con orgullo sus logros con vecinos y amigos, César sentía que su pasión era válida y valiosa.

Estos tempranos reconocimientos, sumados a la constante afirmación de su familia, alimentaron el espíritu artístico de César. Le enseñaron que el arte no era solo una forma de expresión, sino también un puente que conectaba corazones y transmitía emociones. Y mientras el joven artista continuaba explorando y perfeccionando su talento, la pared del salón de los Manrique se llenaba, poco a poco, con testimonios de un genio en ciernes.

Un legado que perdura:

En las veredas del arte, donde el genio y la inspiración se entrelazan, los cimientos son esenciales. Y para César Manrique, esos cimientos fueron firmemente anclados en las tierras volcánicas de Lanzarote y en el corazón de la familia Manrique.

Cada rincón de la casa, desde el salón que albergaba sus primeros dibujos hasta la cocina donde las aromas y sabores tradicionales despiertan memorias, fue testigo de los momentos formativos de César. La familia, con su inquebrantable apoyo, jugó un papel crucial, no solo como admiradores de su talento sino también como protectores de su esencia.

La madre de César, con su perceptiva sensibilidad, infundió en él un aprecio por la belleza en las cosas más simples. Fue ella quien le enseñó a observar el mundo con ojos curiosos, a encontrar arte en las olas que rompían contra las costas de Lanzarote o en las sombras que las palmeras proyectaban bajo el sol del mediodía. El padre, con su profundo respeto por la tierra y la naturaleza, transmitió a César la importancia de vivir en armonía con el entorno, una lección que se reflejaría en las intervenciones arquitectónicas y artísticas del artista en su isla natal.

Los hermanos de César, con sus juegos, travesuras y aventuras compartidas, contribuyeron a moldear su perspectiva del mundo, dándole un sentido de pertenencia y conexión. Y las historias del pasado, contadas por su abuela, tejieron un tapiz rico en tradición y cultura, inculcando en él una profunda reverencia por las raíces y la historia.

La obra de César Manrique no es solo un reflejo de su genio, sino también de la herencia familiar que llevó en su alma. Cada pieza, cada intervención en la naturaleza, cada trazo y color, son testimonios del amor, la ética y los valores que la familia Manrique le inculcó.

Al recorrer las esculturas, pinturas y espacios creados por César, es evidente que su legado no solo es una celebración del arte y la naturaleza, sino también de la familia que estuvo detrás del artista, sosteniéndolo, guiándolo y amándolo.

Y mientras el tiempo avanza y las generaciones cambian, el legado de los Manrique, plasmado en la obra de César, permanece como un faro brillante en Lanzarote, recordándonos la profunda conexión entre la familia, el arte y la tierra. La isla, con su belleza árida y majestuosa, sigue siendo testigo del genio de un hijo prodigio, y de una familia que, con amor y apoyo, ayudó a forjar una leyenda.

Formación y primeros bocetos

Los albores de una pasión

La brisa fresca de Lanzarote, con su aroma salino, siempre ha tenido la capacidad de evocar recuerdos. En medio de esa atmósfera, en el paisaje volcánico y enérgico de la isla, un joven César Manrique experimentaba el mundo con una curiosidad insaciable y ojos brillantes.

La casa de los Manrique siempre fue un hervidero de actividad, con risas, juegos y las conversaciones cotidianas de una familia unida. Pero entre el bullicio familiar, había momentos en que el pequeño César se perdía en su propio mundo. Un espacio donde su imaginación florecía sin restricciones.

Recorriendo las calles de Arrecife con amigos, no era inusual que César se detuviera para observar algo que para otros podría pasar desapercibido: una mariposa posándose en una flor, las sombras que las nubes proyectaban sobre la tierra, o las misteriosas formas que las olas del mar dibujaban en la arena. Cada uno de estos detalles, aunque efímeros para muchos, para él eran una fuente de fascinación.

En casa, mientras otros niños se deleitaban con juegos convencionales, César mostraba una inclinación particular por aquellos que estimulaban su creatividad. Sus juguetes preferidos no eran los más caros o complicados. En su lugar, pedazos de tela, pinceles rudimentarios y crayones eran sus herramientas predilectas. No era raro encontrarlo dibujando en los márgenes de los periódicos o en cualquier papel que pudiera encontrar, creando paisajes imaginarios o retratando a los miembros de su familia.

La señora Manrique, con su amor maternal y su sensibilidad innata, notó rápidamente esta pasión naciente en su hijo. En lugar de desalentarlo, le proporcionó más materiales para que explorara. Mientras que otros padres podrían haber visto garabatos y manchas, ella veía el potencial y la promesa en las líneas trazadas por las manos de su pequeño.

Estos primeros destellos de creatividad no eran simples pasatiempos infantiles. Eran, en muchos aspectos, los albores de una pasión que definiría la vida de César Manrique. Una pasión que, con el tiempo, dejaría una marca indeleble no solo en Lanzarote, sino en el mundo del arte contemporáneo.

Primeros trazos

En la época en que la mayoría de los jóvenes estaban ocupados descubriendo el mundo a través de juegos y travesuras, César Manrique se encontraba a menudo sumergido en su mundo particular, donde las ideas y las imágenes fluían libremente desde su mente hasta el papel. El acto de dibujar para él no era solo un pasatiempo, sino una necesidad, una forma de comunicar lo que sentía y veía.

El hogar de los Manrique en Arrecife estaba adornado con muchos de estos primeros trazos. En las paredes del pasillo, colgaban marcos sencillos que contenían paisajes detallados del entorno lanzaroteño: los campos de lava solidificada, las playas de arena negra y las casas encaladas típicas de la isla. Pero lo más sorprendente no era solo la precisión con la que dibujaba, sino la perspectiva única con la que veía el mundo.

En uno de sus bocetos más memorables de esa época temprana, César retrató el mercado local. Pero en lugar de simplemente dibujar los puestos y las personas, capturó la esencia del momento: la alegría de un vendedor al hacer una venta, la curiosidad de un niño observando los peces frescos, las sombras que se alargaban a medida que el sol se ponía en el horizonte. Era evidente que para César, el arte no se trataba solo de reproducir lo que veía, sino de transmitir lo que sentía.

Su madre, al percibir el talento innato de su hijo, guardaba con cariño estos primeros trabajos, mostrándolos con orgullo a las visitas. No era raro que los amigos y vecinos de los Manrique se reunieran en su sala para admirar el arte del joven prodigio, comentando con asombro la madurez y profundidad de sus obras para alguien de su edad.

Estos primeros dibujos y bocetos, si bien sencillos en su ejecución, eran reveladores de la sensibilidad y el ojo crítico de César. No se limitaba a reproducir la realidad, sino que la interpretaba, dándole su propio giro y ofreciendo una perspectiva que solo él podía proporcionar.

A medida que el tiempo avanzaba, las obras de César reflejaban su evolución no solo como artista, sino como individuo. Los paisajes y las escenas cotidianas dieron paso a retratos más detallados y a interpretaciones más abstractas de su entorno. Sin embargo, una constante se mantuvo a lo largo de estos años formativos: su profunda conexión con Lanzarote y su deseo de capturar la esencia de la isla que tanto amaba.

El joven Manrique estaba destinado a grandes cosas, y estos primeros trazos eran solo un presagio de lo que estaba por venir. Sin embargo, como con cualquier artista, el camino no estaría exento de desafíos y descubrimientos. Aún así, en esos momentos tempranos, en el cálido abrazo de su hogar en Arrecife, César Manrique daba sus primeros pasos hacia la inmortalidad.

La escuela de Arrecife

La ciudad de Arrecife, con sus callejuelas entrecruzadas y su vibrante actividad portuaria, no solo era el hogar de César Manrique sino también el escenario donde comenzaría su educación formal. El joven Manrique, con su cabello oscuro y su mirada siempre curiosa, era una figura familiar en las aulas de la escuela local. Aunque las instituciones educativas de la época estaban fuertemente influenciadas por un enfoque tradicional y rígido, para César, la escuela se convertiría en un refugio donde su creatividad podría florecer.

El aula de artes visuales de la escuela de Arrecife era una habitación amplia, con grandes ventanales que permitían la entrada de la luz natural, intensificando los colores de los óleos y acuarelas. Las paredes estaban repletas de trabajos de estudiantes, pero, entre todos, los de César resaltaban. No necesariamente por su perfección técnica, sino por la frescura y originalidad que emanaban de ellos.

Fue en esta escuela donde César tuvo su primer contacto con la teoría del arte. Aunque las clases podían ser metódicas, abordando las técnicas tradicionales y los grandes maestros del pasado, para César, cada lección se convertía en una oportunidad para experimentar y aprender. Su entusiasmo era palpable, y muchos de sus compañeros recuerdan cómo, durante los recreos, prefería quedarse en el aula de arte a perfeccionar un boceto o experimentar con nuevos materiales.

Uno de sus maestros, Don Fernando, jugó un papel crucial en su desarrollo artístico. Aunque respetaba las técnicas clásicas, Don Fernando era un defensor del pensamiento libre en el arte y alentaba a sus estudiantes a buscar su propia voz. Fue él quien notó el potencial en César y le ofreció materiales adicionales y libros sobre arte, introduciéndolo a los movimientos artísticos contemporáneos que estaban revolucionando el mundo.

Sin embargo, no todo fue arte para el joven Manrique en la escuela. Las materias tradicionales, como matemáticas e historia, también ocuparon su tiempo. Aunque podría pensarse que estas materias no tenían relevancia para él, César encontraba formas de integrar lo aprendido en sus obras. Su interés por la geografía y la historia de Lanzarote influiría en su profundo amor y conexión con la isla.

Mientras que para muchos la escuela es simplemente una etapa de la vida, para César Manrique, la escuela de Arrecife fue el trampolín que lo lanzaría al mundo del arte. Aquí, entre los bancos de madera y el olor a pintura fresca, un joven artista comenzó a dar forma a su visión, apoyado por maestros inspiradores y rodeado de la belleza sin parangón de Lanzarote.

Maestros influyentes

Cada gran artista, en el camino de su formación, suele encontrarse con mentores y maestros que, de una forma u otra, marcan profundamente su trayectoria. Para César Manrique, estos maestros no solo se limitaron a las paredes de un aula o un estudio. Sin embargo, dentro de la estructura formal de la educación, hubo figuras que notaron el talento del joven y lo alentaron de maneras que marcarían su vida para siempre.

Una de las figuras centrales en este período formativo fue, sin duda, Don Fernando, el profesor de artes visuales de la escuela de Arrecife, al que ya hemos aludido brevemente. Más que un simple educador, Don Fernando fue un visionario. Con una pasión ardiente por el arte y una perspectiva vanguardista, se esforzaba por enseñar a sus estudiantes a ver más allá de lo evidente, a cuestionar las normas y buscar su autenticidad. Aunque respetaba la tradición y la técnica, creía fervientemente en el poder del pensamiento libre en el arte.

Don Fernando, con su cabello canoso y sus gafas redondas, a menudo se quedaba después de clases para dialogar con César, discutiendo sobre artistas contemporáneos, movimientos artísticos y, lo más importante, sobre la manera en que César veía el mundo. Veía en el joven Manrique un reflejo de sí mismo, un espíritu inquieto y curioso, pero con una voz única que merecía ser escuchada.

Pero no solo en el aula de arte hubo figuras que influyeron en César. Doña Teresa, su profesora de literatura, también dejó una huella en él. Ella le introdujo a la riqueza de la literatura española, desde los clásicos hasta autores contemporáneos. A través de la poesía y la prosa, César aprendió la importancia de la narrativa, algo que más tarde aplicaría en sus obras, contando historias a través de sus pinturas y esculturas.

A pesar de que estos maestros dejaron marcas indelebles en el joven artista, César siempre mantuvo su autonomía y voz individual. Lo que absorbía de sus mentores no era una copia de sus estilos o técnicas, sino una profunda comprensión de la esencia del arte y su papel en la sociedad.

Con el respaldo y la guía de estos maestros, César Manrique encontró el coraje para perseguir su pasión, para explorar, experimentar y, sobre todo, para ser fiel a sí mismo. Estos influentes profesores no solo le proporcionaron las herramientas para desarrollar su talento, sino que también le infundieron la confianza para creer que tenía algo especial que compartir con el mundo. Y el mundo, como sabemos, estaría eternamente agradecido por ello.

Viaje a Madrid

Con el Atlántico batiendo en las orillas de Lanzarote y la familiaridad de Arrecife rodeándolo, César Manrique estaba a punto de tomar una decisión que cambiaría el curso de su vida. Madrid, con sus boulevares repletos de gente y sus museos repletos de arte, lo llamaba. Era un salto audaz y valiente, pero si algo caracterizaba a César, era su inagotable curiosidad y su pasión por aprender y crecer.

Empacar y decir adiós a su amada isla no fue fácil. Los recuerdos de su niñez, las charlas con sus maestros, y los atardeceres dorados eran parte inseparable de su ser. Sin embargo, entendía que para expandir su horizonte artístico, debía salir de su zona de confort. Madrid no era solo la capital geográfica de España, sino también su corazón cultural, y César anhelaba estar en el epicentro de ese torbellino artístico.

Al llegar a Madrid en la década de 1950, el joven artista se encontró en un mundo completamente diferente. Las calles estaban llenas de vida, artistas, poetas y músicos se mezclaban en los cafés, discutiendo ideas revolucionarias y soñando con cambiar el mundo con su arte. César, con sus ojos brillantes y su mente abierta, absorbía todo como una esponja. La ciudad le ofrecía una paleta de experiencias que no encontraba en Lanzarote.

Ingresó en la Real Academia de Bellas Artes de San Fernando, una de las instituciones más prestigiosas de España. Aquí, se encontró con maestros y compañeros que desafiaban y ampliaban su percepción del arte. No era solo una educación técnica lo que recibía, sino una inmersión en la filosofía, la historia y la crítica del arte.

Sin embargo, a pesar de sumergirse en el bullicioso ambiente madrileño, César nunca olvidó sus raíces. La tierra volcánica, el azul profundo del mar y la simplicidad de Lanzarote seguían estando presentes en su mente. De hecho, su singularidad como artista radicaba en su capacidad para fusionar las influencias cosmopolitas con su profunda conexión con la isla que lo vio crecer.

En Madrid, también experimentó con nuevas técnicas, exploró diferentes medios y se rodeó de una variedad de influencias artísticas. Estableció amistades duraderas con otros artistas emergentes, algunos de los cuales se convertirían en figuras prominentes en el arte español.

Aunque Madrid le ofrecía oportunidades y aprendizajes invaluables, también presentó sus desafíos. La añoranza por su hogar, la presión de encontrar su voz en una ciudad repleta de talento y la necesidad constante de adaptarse, todo jugó un papel en su formación. Sin embargo, con su espíritu indomable y su amor por el arte, César Manrique enfrentó cada desafío con determinación, dejando una marca indeleble en la escena artística de la capital.

La Real Academia de Bellas Artes de San Fernando

El sol se reflejaba en las columnas neoclásicas de la Real Academia de Bellas Artes de San Fernando cuando César Manrique, con una mezcla de anticipación y nerviosismo, cruzó sus imponentes puertas por primera vez. Situada en el corazón de Madrid, esta institución era mucho más que un edificio grandioso; representaba la vanguardia del pensamiento artístico y la tradición, todo bajo un mismo techo. Para el joven César, originario de una isla tranquila y alejada, era un nuevo mundo, una nueva aventura.

Los pasillos de la academia estaban decorados con obras maestras que trascendían el tiempo: desde el arte renacentista hasta el impresionismo. El joven César caminaba por estos pasillos con ojos llenos de asombro, a menudo deteniéndose para contemplar una pintura o una escultura, dejando que su imaginación volara.

Los profesores de la Academia no eran solo maestros en su oficio; eran también filósofos, críticos y visionarios. Bajo su tutela, César no solo aprendió técnicas y habilidades; fue introducido a un mundo de pensamiento crítico, de introspección y autoexploración. Le enseñaron a cuestionar, a desafiar y, lo más importante, a descubrir su propia voz.

En las aulas y estudios, César comenzó a experimentar con formas, colores y texturas. Aunque ya mostraba una inclinación natural hacia el arte, fue en la Real Academia donde su estilo distintivo comenzó a tomar forma. Se podía ver la influencia de Lanzarote en sus obras: la interacción del hombre con la naturaleza, la armonía entre lo construido y lo natural, y un profundo respeto por el entorno. Sin embargo, también se percibía la sofisticación y la influencia de las corrientes artísticas contemporáneas.

Sus compañeros de clase, muchos de los cuales también estaban en su propio viaje de descubrimiento, se convirtieron en amigos, críticos y colaboradores. Juntos, discutían sobre teorías artísticas hasta altas horas de la noche, compartían técnicas y se desafiaban mutuamente en cada pincelada. Estas amistades y rivalidades amistosas fueron fundamentales en el crecimiento de César como artista.

Pero no todo fue fácil. Como cualquier estudiante, tuvo momentos de duda, de frustración, donde las ideas no fluían o una obra no salía como esperaba. Pero el apoyo y el aliento de sus maestros y compañeros le ayudaron a superar esos obstáculos. Le recordaron que el arte no era solo técnica, sino también pasión y emoción.

Al dejar la Real Academia de Bellas Artes de San Fernando, César Manrique no era el mismo joven que había entrado. Se había transformado, no solo como artista, sino también como individuo. Con una visión más clara de su propósito y una firme determinación, estaba listo para enfrentar el mundo del arte, llevando consigo las lecciones, las experiencias y las inspiraciones de sus años en la academia.

Inspiración en la gran ciudad

Mientras el joven César Manrique caminaba por las calles adoquinadas de Madrid, las impresiones inundaban sus sentidos. Las avenidas bulliciosas, los edificios señoriales, las plazas vibrantes y el constante murmullo de la ciudad eran un fuerte contraste con la serenidad de Lanzarote. Madrid no era simplemente una ciudad; era un mosaico viviente de historias, emociones y arte.

La Gran Vía, con sus teatros iluminados y cafeterías en cada esquina, ofrecía un espectáculo sin fin. César se encontraba a menudo en sus terrazas, esbozando rostros, escenas urbanas o simplemente absorbiendo la atmósfera. Cada rincón de la ciudad parecía contar una historia, y él estaba ansioso por escucharla.

Los museos de Madrid fueron una revelación. El Museo del Prado, con sus vastas colecciones de Goya, Velázquez y otros maestros españoles, era un santuario para el joven artista. Pasaba horas, lápiz en mano, frente a obras maestras, tratando de desentrañar sus secretos y técnicas. No era solo la grandiosidad de las obras lo que lo cautivaba, sino también la capacidad de los artistas para capturar la esencia de la humanidad en un lienzo.

Pero no solo fueron los grandes museos los que dejaron una marca en Manrique. Las pequeñas galerías, dispersas por los barrios bohemios de la ciudad, como Malasaña o La Latina, también fueron fuentes de inspiración. Eran espacios donde el arte contemporáneo florecía, donde los artistas jóvenes y rebeldes mostraban sus interpretaciones del mundo. En estas galerías, César se sintió conectado con el pulso del mundo artístico moderno, viendo cómo las tradiciones se entrelazaban con las nuevas corrientes.

Sin embargo, Madrid no era solo arte enmarcado y expuesto. El arte estaba en las calles, en los mercados, en los músicos ambulantes y en los bailaores de flamenco que actuaban en los rincones de las plazas. El arte estaba en la risa de los niños jugando en los parques, en las parejas de ancianos tomándose de la mano y en los vendedores anunciando sus productos. César encontró inspiración en estos momentos cotidianos, en la belleza de lo mundano.

Y, en medio de esta metrópoli en constante movimiento, César encontró momentos de introspección. Los Jardines del Retiro, con sus estanques tranquilos y sendas sombreadas, eran un refugio donde podía meditar, dibujar y reflexionar. Aquí, entre el verde y el murmullo de las hojas, encontró un vínculo con la naturaleza que tanto amaba en Lanzarote.

Madrid fue, para César Manrique, un crisol de experiencias y emociones. Fue una ciudad que desafió, inspiró y formó al artista que llevaba dentro. Aunque siempre llevó a Lanzarote en su corazón, Madrid le ofreció una ventana al mundo, mostrándole las infinitas posibilidades que el arte podía ofrecer. Y, en cada esquina, en cada sombra, en cada sonrisa, César encontró una historia esperando ser contada a través de su pincel.

Encuentros con contemporáneos

En las sinuosas calles de Madrid y entre las paredes de sus galerías y talleres, César Manrique comenzó a sumergirse en un círculo de artistas, un crisol de creatividad donde las ideas fluían con libertad. Madrid, en aquellos años, era un hervidero de talento, con jóvenes artistas buscando su voz y veteranos consolidados dispuestos a compartir sus experiencias.

Uno de los primeros encuentros significativos para César fue con el pintor Fernando Zóbel. Zóbel, reconocido por su habilidad para combinar técnicas tradicionales con visiones contemporáneas, vio en el joven César un espíritu afín. Conversaciones que comenzaron sobre la técnica y el color, con el tiempo, evolucionaron hacia debates profundos sobre el propósito y la pasión del arte. Fernando, con su visión meticulosa y su amor por los detalles, dejó una impresión duradera en César, enseñándole la importancia de la precisión y la reflexión en cada trazo.

Pero no solo fueron pintores con los que César se conectó. En una velada en el Café Gijón, tuvo la fortuna de conocer a la escultora Cristina Iglesias. Ambos compartieron su amor por la integración del arte con la naturaleza, y esta conexión llevó a muchas tardes de colaboración y discusión sobre cómo el arte podía fusionarse con el entorno.

Dentro de este caleidoscopio de conexiones, César también se encontró con artistas de Lanzarote, como

Pancho Lasso. Estos encuentros eran particularmente especiales, ya que le permitían conectar con sus raíces mientras exploraba las vastas posibilidades del mundo artístico madrileño. Pancho, con su profundo amor por Lanzarote y su visión vanguardista, reafirmó en César la idea de que no tenía que abandonar su identidad insular para triunfar en el mundo del arte continental.

Los cafés, las exposiciones y las tertulias nocturnas se convirtieron en los espacios donde César Manrique formó amistades duraderas y colaboraciones creativas. Estos encuentros no solo eran un intercambio de técnicas y estilos, sino también de sueños, aspiraciones y visiones del mundo. Fue un tiempo de descubrimiento, donde César no solo aprendió sobre el arte, sino también sobre sí mismo.

A través de estas interacciones, César comenzó a entender que el arte no era un camino solitario. Era un viaje enriquecido por las voces y visiones de otros, un tapeo de ideas y emociones que moldeaban y definían el panorama artístico. En este periodo formativo en Madrid, César Manrique no solo se consolidó como artista, sino que también tejía la red de amistades y colaboraciones que influirían en su obra y vida en los años venideros.

Regreso a Lanzarote

Lanzarote, con sus playas de arena volcánica, sus paisajes lunares y su cielo intensamente azul, siempre fue el refugio sentimental de César Manrique. Tras sus años en Madrid, al sumergirse en el bullicioso mundo del arte, al aprender, crecer y cambiar, el llamado de su tierra natal se hizo más fuerte. Era una atracción irresistible, como la de un náufrago anhelando la seguridad de la tierra firme.

Con el paso de los años en la capital, había acumulado una riqueza de experiencias y conocimientos. César había caminado por los corredores de los museos más famosos, había debatido en cafés hasta altas horas de la madrugada y había forjado amistades que durarían toda la vida. Pero Lanzarote, con su tranquilidad y sus paisajes que parecían sacados de otro planeta, siempre ocupó un espacio especial en su corazón.

Al regresar, notó cómo la isla parecía recibirlo con un abrazo cálido. Pero no era el mismo joven que había dejado Lanzarote años atrás. Miraba su entorno con ojos nuevos, con una perspectiva enriquecida por su tiempo en Madrid. Las formas de los volcanes, la textura de la lava solidificada, y el contraste del blanco de las casas con el negro de la tierra, ahora le hablaban de una manera diferente, casi como si estuviera viendo todo por primera vez.

La fusión de sus experiencias en Madrid con el amor profundo por su tierra natal condujo a una explosión creativa. Era evidente que César no solo había traído consigo técnicas y estilos adquiridos en la capital, sino también un deseo insaciable de integrarlos con la esencia de Lanzarote. Quería que el mundo viera la belleza de su hogar a través de su arte, pero también deseaba que Lanzarote se beneficiara y se enriqueciera con lo que había aprendido.

Sus amigos y familia notaron este cambio. No solo en la confianza con la que hablaba de arte y en su renovada pasión por la creación, sino también en cómo se conectaba aún más profundamente con su entorno. Había un entendimiento tácito de que César estaba en un viaje artístico que estaba intrínsecamente ligado a Lanzarote.

Este regreso no fue simplemente un retorno físico a un lugar, sino más bien un reencuentro del artista con su esencia, con sus raíces. César Manrique, con sus pies firmemente plantados en la tierra volcánica de Lanzarote y con su mente abierta al vasto horizonte del arte, estaba listo para embarcarse en la siguiente etapa de su viaje creativo.

Primeras exposiciones

Después de haber vivido en la gran ciudad y haber experimentado todo lo que Madrid tenía para ofrecer, César no tardó en darse cuenta de que el escenario artístico de Lanzarote era, sin duda, más modesto. Sin embargo, eso no disminuyó su entusiasmo ni su determinación. De hecho, su regreso trajo consigo un deseo ferviente de compartir lo que había aprendido y mostrar la belleza singular de Lanzarote a través de su perspectiva artística.

Su primera exposición en la isla fue un evento significativo. Muchos lugareños habían escuchado historias sobre el joven Manrique que había ido a estudiar arte en Madrid y estaba haciendo olas en el panorama artístico de la capital. Pero ahora, estaban a punto de ver su trabajo con sus propios ojos.

La sala de exposiciones estaba llena de cuadros que fusionaban su amor por Lanzarote con técnicas contemporáneas. Las paredes se adornaban con vibrantes interpretaciones del paisaje volcánico, pero también había toques abstractos y modernos que reflejaban sus experiencias en la capital. En cada obra, era evidente la dedicación y el amor que sentía por su tierra y por el arte.

La respuesta de la comunidad local fue abrumadoramente positiva. La gente se maravillaba no solo de su talento sino también de su habilidad para mostrarles Lanzarote de una manera que nunca habían visto antes, a pesar de haber vivido allí toda su vida. Las conversaciones giraban en torno a la frescura y originalidad de su obra, y muchos predijeron, con orgullo, que César estaba destinado a la grandeza.

Más que el reconocimiento, lo que realmente conmovía a César era la conexión genuina que sentía con las personas que asistían a sus exposiciones. Era un intercambio profundo: él presentaba su interpretación del hogar que todos compartían, y a cambio, recibía su admiración y aprecio. Aquellos que habían conocido a César cuando era niño, aquellos profesores que habían notado sus primeros trazos, miraban con asombro y emoción las piezas maestras que ahora presentaba.

Con estas primeras exposiciones, no solo se solidificó su posición como un talento emergente en el mundo del arte, sino que también cimentó su relación con Lanzarote y su gente. La isla, con su historia, cultura y belleza natural, siempre sería una fuente inagotable de inspiración para César. Y, a medida que su carrera continuaba desarrollándose, este capítulo inicial en Lanzarote recordaría al mundo y a él mismo de dónde venía, y cuánto debía a la tierra y a las personas que lo vieron crecer.

Viajes y horizontes ampliados

Primeras impresiones

El aire era distinto; más fresco, con un deje desconocido que prometía aventura. César Manrique se encontraba parado en un aeropuerto fuera de España, dejando atrás por un tiempo la familiaridad de Lanzarote. No era solo el cambio de escenario, sino la anticipación de lo desconocido, la emoción de explorar y la curiosidad por lo que vendría.

Cada rincón del mundo, había descubierto, era un libro esperando ser leído, una historia esperando ser contada. Para un artista, como él, cada nuevo destino era un lienzo en blanco, esperando ser pintado con experiencias, recuerdos y, sobre todo, emociones. Aunque la pasión por el arte había sido una constante en su vida, ahora tenía la oportunidad de enriquecerse con nuevos colores, texturas y formas que solo el viajar podía ofrecer.

Mirando a su alrededor, todo le parecía un cuadro en movimiento. Las personas pasando con prisa, los sonidos distintos de las lenguas extranjeras, los aromas que emanaban de los quioscos de comida del aeropuerto; todo ello formaba una sinfonía de sensaciones que se imprimían en su mente, listas para ser trasladadas a sus obras. Podía sentir su cuaderno de bocetos llamándolo desde su maleta, deseoso de ser llenado con cada detalle, con cada sombra y con cada luz de este nuevo escenario.

Sin embargo, a pesar del entusiasmo por lo nuevo, llevaba consigo un pedacito de Lanzarote. En su corazón, la isla seguía siendo su refugio, su fuente inagotable de inspiración. Y mientras avanzaba hacia la salida del aeropuerto, no podía evitar pensar en cómo este viaje, este primer paso hacia lo desconocido, influiría en su visión artística. Porque para César, viajar no era solo moverse de un lugar a otro, era una forma de crecimiento, una forma de ver el mundo con nuevos ojos y, a su vez, de redescubrirse a sí mismo.

Y así, con una mezcla de emoción y nostalgia, César Manrique daba inicio a un nuevo capítulo de su vida, uno lleno de horizontes ampliados y maravillosas primeras impresiones. Porque, después de todo, ¿qué podía ser más emocionante para un artista que explorar el mundo con un corazón abierto y una mente curiosa?

Nueva York, la ciudad que nunca duerme

El primer contacto de César Manrique con la ciudad de Nueva York fue como un trueno retumbante de sensaciones y estímulos. Mientras el avión descendía y las luces de la ciudad emergían ante sus ojos, una combinación de anticipación y asombro se apoderó de él. Aquí estaba, a punto de zambullirse en el corazón palpitante del arte contemporáneo y la vanguardia cultural.

Al caminar por las calles de Manhattan, los rascacielos se elevaban hacia el cielo como guardianes de concreto y cristal, cada uno contando su propia historia de ambición y triunfo. El frenesí de la ciudad lo envolvía; los taxis amarillos zumbando, las voces de las personas entrelazándose en un coro políglota, y las luces de neón anunciando shows, exposiciones y eventos.

Pero si algo dejó a César sin aliento fue su visita al Museo de Arte Moderno, el MoMA. Había oído hablar de él, por supuesto, pero nada podría haberlo preparado para la experiencia en sí. Al entrar en sus salas, se encontró rodeado de algunas de las obras más icónicas del siglo XX. Cada pasillo, cada sala, era una cápsula del tiempo, narrando la evolución del arte y las audaces visiones de sus creadores. Picasso, Van Gogh, Pollock, Warhol... todos estaban allí, esperando ser descubiertos por nuevos ojos. César se permitió perderse, dejando que las obras lo guiaran, que cada pincelada y cada color le susurraran sus secretos.

Una noche, después de un día inmerso en el arte, un nuevo sonido atrajo su atención. Siguiendo su curiosidad, César se encontró en un pequeño club de jazz en Greenwich Village. El ambiente era íntimo, con luces tenues y mesas cercanas al escenario. Y cuando la música comenzó, fue como si todo Nueva York se hubiera detenido para escuchar. Las notas del saxofón, la cadencia del contrabajo, y la voz melódica del cantante crearon una sinfonía urbana que hablaba del amor, la vida y la pasión de la ciudad. Nunca había experimentado nada igual; el jazz en vivo, con su espontaneidad y alma, era una revelación.

César Manrique, el chico de Lanzarote que había llevado el paisaje volcánico y las olas del Atlántico en su corazón, ahora también llevaba consigo un pedacito del pulso de Nueva York. Esta ciudad, con su ritmo incesante y su capacidad para sorprender en cada esquina, le había mostrado que el arte no estaba solo en los lienzos y las esculturas, sino en cada momento vivido, en cada melodía compartida y en cada rincón explorado.

La sutil belleza de Escandinavia

Tras el alboroto eléctrico de Nueva York, el siguiente destino de César Manrique no podría haber sido más contrastante. Viajó hacia el norte, al tranquilo y evocador paisaje de Escandinavia. Allí, la naturaleza reinaba con una majestuosidad serena, donde los bosques densos, los fiordos profundos y el silencio de los lagos se entremezclaban con el diseño humano, marcado por una simplicidad impresionante y una profunda conexión con el entorno.

Desde el primer momento, César quedó cautivado por la pureza del aire, la claridad de la luz y la paleta de colores que parecía extraída directamente de una obra maestra. Las tonalidades azules, verdes y ocres formaban un lienzo natural que evocaba calma, introspección y una sensación casi mística.

Pero más allá del paisaje, lo que realmente tocó el alma de Manrique fue el diseño escandinavo. En ciudades como Copenhague, Estocolmo y Oslo, descubrió una estética que equilibraba la funcionalidad con la belleza. En las sillas, mesas, lámparas y edificios, vio cómo la forma seguía a la función, pero sin sacrificar la elegancia o la innovación. El diseño escandinavo, con sus líneas limpias, su uso inteligente del espacio y su aprecio por los materiales naturales, se convirtió en una fuente de inspiración para él.

Visitar museos de diseño y tiendas de artesanía, César pudo observar de cerca la meticulosidad con la que los escandinavos abordaban su trabajo. Cada objeto, sin importar cuán cotidiano, era tratado con reverencia, como si al crearlo, se estuviera realizando un acto sagrado. Esta filosofía resonó profundamente con Manrique, quien siempre creyó en la simbiosis entre arte y vida diaria.

No obstante, también hubo momentos de quietud y contemplación. En una ocasión, durante una noche despejada en un pequeño pueblo noruego, César tuvo el privilegio de presenciar la danza de las auroras boreales. Esa amalgama de colores danzando en el cielo, en un espectáculo silente pero intensamente emotivo, reforzó su convicción de que la verdadera belleza a menudo reside en la simplicidad y en la autenticidad del momento.

Al reflexionar sobre su tiempo en Escandinavia, César Manrique sintió una profunda gratitud. Aunque su corazón siempre pertenecía a Lanzarote, estos paisajes nórdicos y su enfoque del diseño le ofrecieron una perspectiva fresca, recordándole que, en el arte y en la vida, a veces menos es más. Un principio que, sin duda, influiría en sus futuras creaciones.

Anécdotas en París

Tras su serena y reflexiva experiencia en Escandinavia, César Manrique se encontró de repente en medio del frenesí y el glamour de París, la Ciudad de la Luz. Con sus bulevares concurridos, sus artistas callejeros y el aire cargado de historia y cultura, París era un calidoscopio de experiencias esperando ser descubiertas.

Una de las anécdotas más encantadoras y reveladoras de su tiempo en París ocurrió en un pequeño bistró cerca de Montmartre. César, todavía ajustándose a las particularidades del idioma francés y sus sutilezas, decidió entrar a tomar un café, deseando sumergirse en la atmósfera parisina. Con confianza, se acercó al mostrador y trató de pedir un simple café. Sin embargo, la combinación de su acento y su elección de palabras hizo que el camarero le sirviera algo completamente diferente. En lugar de un café, se encontró frente a un elaborado postre y un vaso de licor.

Mientras César intentaba, con gestos y un francés titubeante, explicar el malentendido, una risa amigable sonó a su lado. Era un hombre de mediana edad, con una boina ladeada y un rostro lleno de arrugas causadas, sin duda, por incontables sonrisas. "Vous voulez un café, n'est-ce pas?" (¿Quieres un café, verdad?), preguntó, su voz cargada de diversión.

Agradecido, César asintió, y con la ayuda del amable desconocido, finalmente pudo disfrutar de su anhelado café. Pero ese pequeño incidente fue solo el comienzo de una amistad inesperada. El hombre, cuyo nombre era Henri, resultó ser un artista local. Había pasado años en Montmartre, pintando paisajes urbanos y retratos de turistas. A lo largo de la tarde, ambos compartieron historias, risas y, por supuesto, más café.

Henri le mostró a César los rincones ocultos de Montmartre, desde estudios de artistas poco conocidos hasta cafés donde los grandes de la época solían reunirse. A través de los ojos de Henri, Manrique pudo ver París desde una perspectiva completamente nueva: la de los artistas que la habían llamado hogar durante generaciones.

Esa tarde, lo que comenzó como un simple error lingüístico se transformó en una amistad genuina y una profunda inmersión en la bohemia parisina. Aunque César y Henri provenían de mundos diferentes, descubrieron que compartían una pasión común: el amor por el arte y la belleza que se encuentra en los detalles cotidianos.

Y así, en la intrincada red de calles de París, entre risas, pinturas y tazas de café, César Manrique encontró una conexión inesperada, un recordatorio de que, a veces, los "errores" pueden llevarnos a los momentos más memorables de nuestras vidas.

La majestuosidad de Florencia

Tras su inmersión en la bohemia parisina, César Manrique anhelaba sumergirse en la cuna del Renacimiento: Florencia. Ya había estudiado y admirado las obras maestras del Renacimiento en libros y reproducciones, pero nada podría haberlo preparado para la sobrecogedora emoción de experimentarlas en persona.

Al caminar por las calles empedradas de la ciudad, cada esquina parecía contar una historia, cada piedra susurraba secretos del pasado. Los imponentes edificios y las plazas animadas hablaban del esplendor de una época en la que el arte, la ciencia y la filosofía florecieron de manera sin precedentes.

Una de las primeras paradas de César fue la Galleria degli Uffizi. Recorriendo sus salas, quedó sin aliento ante la visión de "La Primavera" de Botticelli. Aunque había visto reproducciones de esta obra maestra en innumerables ocasiones, enfrentarse a la obra original era una experiencia completamente diferente. Los colores vibrantes, las texturas y los detalles intrincados de la pintura parecían cobrar vida bajo su mirada.

Pero no solo fueron las grandes obras las que capturaron su imaginación. Mientras caminaba por la Piazza della Signoria, quedó cautivado por la réplica del David de Miguel Ángel, una pieza que, aunque no era la original, se alzaba con orgullo y majestuosidad, recordando a todos los visitantes el inigualable talento del artista renacentista.

La Catedral de Santa Maria del Fiore, con su impresionante cúpula diseñada por Brunelleschi, fue otro hito que le dejó una profunda impresión. Al ascender a la cima de la cúpula, César se encontró con una vista panorámica de la ciudad, un mar de tejados rojizos extendiéndose hasta el horizonte, interrumpido solo por el serpenteo del río Arno.

Sin embargo, más allá de los monumentos y las obras maestras, lo que realmente tocó el alma de César fue la atmósfera de la ciudad. En las plazas, los músicos callejeros interpretaban piezas clásicas, mientras que en las terrazas de los cafés, los estudiantes esbozaban bocetos rápidos de los transeúntes y los monumentos circundantes. Todo ello sumergía a César en una atmósfera de creatividad y pasión que era palpable en cada rincón.

Reflexionando sobre su tiempo en Florencia, César Manrique reconoció la profunda influencia que la ciudad y su rica historia artística tuvieron en él. Más allá de la belleza visual y la técnica impresionante, lo que se llevó de Florencia fue un profundo aprecio por la dedicación, la pasión y el espíritu humano que impulsaron el Renacimiento. Una época que, al igual que él, buscaba encontrar armonía y belleza en cada detalle.

Encuentro con artistas internacionales

Viajar no solo ofrecía a César Manrique la oportunidad de conocer nuevos paisajes y culturas; también le abría la puerta a un mundo de artistas internacionales, cuyo trabajo y perspectivas enriquecían enormemente su visión del mundo artístico.

En una de sus primeras paradas, París, tuvo la fortuna de encontrarse con varios artistas emergentes en el barrio de Montmartre, un histórico refugio bohemio. Allí, en un pequeño café iluminado con luces tenues, conoció a una joven pintora de Oslo llamada Sigrid. Ella y César compartieron historias sobre las particularidades de pintar paisajes invernales, y César se sintió particularmente intrigado por la forma en que Sigrid capturaba la luz de la aurora boreal en sus lienzos.

En Florencia, durante una visita al estudio de un viejo amigo, se encontró con Alessandro, un escultor que trabajaba en una reinterpretación contemporánea de una escultura clásica. Mientras Manrique observaba, Alessandro esculpía el mármol con una pasión y precisión que recordaba a los grandes maestros del Renacimiento. Ambos compartieron horas de charla sobre la intersección entre el arte tradicional y el moderno, y cómo ambos podían convivir en armonía.

Pero quizás uno de los encuentros más memorables tuvo lugar en Nueva York, en una galería en el SoHo. Allí, César coincidió con Hiroshi, un artista conceptual japonés. A pesar de la aparente disparidad en sus enfoques artísticos, encontraron un terreno común en su amor por la naturaleza y cómo esta influía en sus obras. Hiroshi introdujo a César en el delicado arte del ikebana, y en agradecimiento, César le mostró algunas de sus propias técnicas.

Estos encuentros internacionales no solo ampliaron el horizonte artístico de César Manrique, sino que también le recordaron que, sin importar las diferencias culturales, los artistas comparten un lenguaje universal: la pasión por la creatividad y la expresión. Las risas, los debates nocturnos y las sesiones improvisadas de dibujo o pintura se convirtieron en recuerdos imborrables para él. Estas interacciones reforzaron su creencia en la capacidad del arte para unir a las personas, trascendiendo fronteras y barreras lingüísticas.

Sin duda, estos encuentros con artistas de todo el mundo dejaron una marca indeleble en César, alimentando su alma y ofreciéndole una perspectiva enriquecida que influiría en su trabajo durante años. La universalidad del arte, esa conexión humana sin palabras, se convirtió en una fuerza motriz en su viaje creativo, llevándolo siempre a buscar, aprender y, lo más importante, compartir.

Descubrimiento de nuevas técnicas

Mientras exploraba cada rincón del mundo, César Manrique no solo se fascinaba con las culturas y paisajes, sino que se sumergía profundamente en las tradiciones artísticas de cada región. Como una esponja, absorbía técnicas y estilos, algunos de los cuales eran completamente nuevos para él, lo que ampliaba su perspectiva y daba un nuevo matiz a su obra.

En un viaje a Japón, mientras deambulaba por las calles de Kioto, quedó cautivado por la delicadeza y la precisión de la acuarela japonesa, también conocida como 'sumi-e'. La sencillez de los trazos, la gracia con la que el pincel se deslizaba sobre el papel, y cómo con tan poco se podía expresar tanto, resonó profundamente en su interior. Bajo la tutela de una anciana maestra, quien había dedicado su vida a perfeccionar este arte, César comenzó a familiarizarse con la técnica, aprendiendo a controlar su respiración y su mano al mismo tiempo, y a capturar la esencia de un objeto o paisaje con minimalismo y elegancia.

Más tarde, en un viaje a África, en un pequeño taller en las afueras de Nairobi, César se encontró con el arte del tallado en madera. Los artistas locales le mostraron cómo, a partir de un simple bloque de madera, podían surgir figuras y rostros llenos de expresión y emoción. Aunque al principio le resultó un desafío adaptarse al riguroso y detallado proceso del tallado, con el tiempo empezó a appreciar la paciencia y la dedicación que requería, y cómo cada golpe del cincel se convertía en una extensión de su propia alma.

Pero quizás una de las técnicas que más le impresionó fue durante su estancia en la India, donde descubrió el arte del Batik. Fascinado por la complejidad y la belleza de los diseños creados con cera y tintes sobre tela, César se dedicó a aprender este arte, maravillado por la forma en que se podían fusionar colores y patrones para crear obras de arte vibrantes y llenas de vida.

Cada una de estas experiencias amplió el repertorio artístico de César Manrique, dándole herramientas y perspectivas que enriquecieron su obra de manera inimaginable. Pero más allá de las técnicas y estilos, lo que realmente se llevó de estos viajes fue la conexión humana, la pasión y el amor por el arte que compartía con artistas de todo el mundo. Estas experiencias le enseñaron que el arte, en todas sus formas, es un lenguaje universal que puede unir a las personas, independientemente de su origen o cultura. Y así, con cada pincelada, tallado o tinte, César continuó su viaje, llevando consigo un pedazo del mundo en su corazón y en su arte.

La paleta de colores del mundo

Para un artista, los colores son más que simples pigmentos; son emociones, recuerdos y sensaciones condensados en tonalidades. Para César Manrique, cada viaje que emprendía era una oportunidad para descubrir y absorber una nueva paleta de colores que ampliaba su percepción del mundo. Como si tuviera un caleidoscopio interno, cada lugar visitado le ofrecía un nuevo espectro de tonalidades que, inevitablemente, encontraban su camino hacia sus obras.

Uno de los momentos más significativos fue durante su viaje a Marruecos. Las ciudades imperiales de Marrakech y Fez se desplegaron ante él como lienzos vivientes. Los zocos bulliciosos estaban impregnados de tonos tierra: ocres, terracotas y marrones que reflejaban la arcilla y el adobe de las construcciones. Pero cuando el sol comenzaba a caer, esos mismos lugares se transformaban, bañados por la luz dorada del atardecer que realzaba los rojos y naranjas, haciendo que todo pareciera envuelto en un cálido abrazo. César solía sentarse en alguna terraza, su cuaderno de dibujo en mano, tratando de capturar esos momentos fugaces donde el día se funde con la noche.

Sin embargo, si Marruecos le ofreció calidez, Grecia le sumergió en un mar de azules. Durante su visita a las islas griegas, César quedó fascinado por la multiplicidad de tonos azules que el Egeo tenía para ofrecer. Desde el turquesa claro de las aguas poco profundas hasta el azul profundo del horizonte marino, cada matiz parecía contar una historia diferente. Pero lo que realmente capturó su imaginación fue la peculiar combinación de esos azules con el encalado blanco de las casas de las islas, especialmente en Santorini. Esta paleta contrastante se convirtió en una fuente de inspiración que evocaba la simplicidad y la belleza de la vida en el Mediterráneo.

Con cada lugar que visitaba, César Manrique ampliaba su paleta personal de colores. Era como si el mundo le estuviera regalando, poco a poco, un arco iris de experiencias y sensaciones. Sin embargo, más allá de los colores, lo que realmente buscaba y encontraba eran las emociones asociadas a ellos. Las tonalidades no solo reflejaban paisajes o arquitectura, sino momentos, risas, melodías y aromas que, una vez plasmados en el lienzo, transportaban al espectador a esos lugares y tiempos.

Para César, el mundo no era simplemente un lugar para ver, sino para sentir. Y con cada pincelada, con cada mezcla de colores, él nos invitaba a sentirlo con él, a embarcarnos en ese viaje sensorial y a descubrir la paleta infinita de emociones que el mundo tenía para ofrecer.

Inspiración en la cotidianidad

César Manrique, a pesar de su innegable talento y educación artística, siempre tuvo un ojo agudo para lo mundano. Para él, el arte no se encontraba únicamente en las galerías o en las obras maestras que colgaban en los museos. Se encontraba en las calles, en los mercados, en las plazas y, sobre todo, en la gente que vivía su vida con una pasión sin pretensiones.

En una de sus travesías por Estambul, mientras la mayoría de turistas se dirigían a la majestuosa Hagia Sophia o se perdían en el vasto Gran Bazar, César encontró una escena que lo cautivó. En una callejuela menos concurrida, un vendedor de especias desplegaba su mercancía con un meticuloso cuidado que rivalizaba con el de un pintor seleccionando sus colores. Montañas diminutas de azafrán, pimentón, cúrcuma y otras especias exóticas se elevaban ante él, cada una con su propia tonalidad y aroma. César se detuvo, observando no solo las especias sino al vendedor: sus manos arrugadas, la forma en que interactuaba con los clientes, el brillo en sus ojos al hablar de cada especia como si fuera un tesoro. En ese momento, Manrique comprendió que el arte verdadero residía en esas interacciones diarias, en ese intercambio de palabras, miradas y sonrisas.

Otra escena que dejó una impresión duradera en su corazón tuvo lugar en una callejuela adoquinada de Praga. Era un día soleado y la luz creaba patrones enigmáticos mientras se filtraba a través de las ramas de los árboles. Al doblar una esquina, encontró a un grupo de niños jugando con simples canicas. El sonido de la risa, la concentración en sus rostros, la forma en que el mundo parecía desvanecerse en ese juego infantil, todo ello creó una imagen tan poderosa en la mente de César que no pudo evitar esbozarlo en su cuaderno de dibujos allí mismo.

Para Manrique, estos momentos cotidianos eran un recordatorio constante de que el arte no es exclusivo de los grandes escenarios o de las personas famosas. El arte está en todas partes, esperando a ser descubierto, sentido y compartido. Cada rostro, cada sombra, cada sonrisa tenía una historia que contar, y César, con su sensibilidad única, estaba allí para capturarla y compartirla con el mundo.

Estas escenas, aunque aparentemente triviales, se convirtieron en el combustible que alimentó su creatividad. A través de ellas, César Manrique nos mostró que no hace falta viajar lejos o buscar en lugares exóticos para encontrar belleza e inspiración. A veces, todo lo que se necesita es detenerse, observar y dejarse llevar por la magia de lo cotidiano.

Reflexiones de regreso

Después de cada aventura, tras sumergirse en culturas lejanas y empaparse de inspiraciones diversas, había un ritual que César siempre practicaba: el regreso a Lanzarote. Pero cada vuelta no era simplemente un retorno físico, sino también un viaje introspectivo. Los paisajes de Lanzarote, con su naturaleza volcánica y su silencio eterno, ofrecían el escenario perfecto para que Manrique meditara sobre sus experiencias.

Cada vez que el avión descendía y las siluetas familiares de su isla natal aparecían en el horizonte, un torrente de emociones inundaba a César. No importaba cuántos lugares hubiera visitado o cuántas maravillas hubiera visto, el contorno rugoso de Lanzarote y el azul profundo de sus aguas siempre hacían que su corazón latiera con una emoción renovada.

En su estudio, rodeado de esbozos, pinturas y herramientas, César solía sentarse solo, a veces durante horas, dejando que las imágenes, sonidos y aromas de sus viajes fluyeran libremente por su mente. Veía nuevamente el bullicio de Nueva York, sentía la paz de los paisajes escandinavos, sonreía ante las anécdotas parisinas y se sumía en la profunda belleza de Florencia. Sin embargo, a pesar de la riqueza de estas experiencias, nunca sintió que lo alejaran de su tierra. Por el contrario, cada viaje solo servía para reforzar su conexión con Lanzarote.

Lo aprendido en el extranjero no era simplemente una adición a su repertorio, sino un medio para profundizar en la esencia de su hogar. Imaginaba cómo la acuarela japonesa podría capturar el tono cambiante del cielo lanzaroteño al amanecer, o cómo el tallado africano podría inspirar nuevas formas en sus esculturas, fusionándose con la roca volcánica.

Noche tras noche, César se encontraba caminando por las playas de su isla, sintiendo la arena fría bajo sus pies, mirando las estrellas y reflexionando sobre cómo su arte, influenciado por el mundo, podría a su vez influir en su amada Lanzarote. Soñaba con crear espacios donde la arquitectura y la naturaleza convivieran en perfecta armonía, donde cada rincón contara una historia de fusiones culturales y amor por la tierra.

Cada regreso, más que un fin, era un nuevo comienzo. Un momento de reflexión que alimentaba su pasión y le recordaba el propósito de su arte: celebrar la belleza en todas sus formas, ya sea en un rincón remoto del mundo o en el corazón de su tierra natal. Y así, con el alma llena y la mente en constante ebullición, César Manrique continuaba su viaje, no solo como un artista, sino también como un hijo eternamente enamorado de Lanzarote.

El lenguaje de la naturaleza

El regreso del hijo pródigo

El océano Atlántico susurraba viejas melodías mientras el barco se deslizaba suavemente hacia el puerto de Lanzarote. En la cubierta, César Manrique contemplaba la silueta familiar de los picos y valles volcánicos, sintiendo un torbellino de emociones que amenazaban con desbordar su pecho. Lanzarote no era solo un lugar, era un sentimiento, un recuerdo viviente que latía en su corazón. La tierra que le vio crecer, forjar sus primeros trazos y soñar con horizontes lejanos, ahora le daba la bienvenida con el mismo abrazo cálido y reconfortante.

Los paisajes que se extendían ante él no habían cambiado mucho desde su partida. Sin embargo, César, cargado con experiencias y visiones del mundo, sí lo había hecho. Pero, curiosamente, a pesar de las innumerables ciudades, culturas y colores que había absorbido en su odisea, nada podía compararse con la majestuosidad serena y sutil de su hogar.

El aroma salino del mar se mezclaba con el dulce perfume de los campos, evocando recuerdos de su infancia. Aquellas tardes perezosas jugando en las orillas, las noches estrelladas bajo el manto protector del cielo lanzaroteño, y los consejos sabios de sus mayores que le enseñaron a ver la belleza en la simplicidad.

El artista, aunque había estado rodeado de los rascacielos de Nueva York, la elegancia de París y la magnificencia de

Florencia, sabía que nada podía competir con la genuina esencia de Lanzarote. Era un retorno no solo al lugar, sino también a sí mismo, a sus raíces, a la esencia de quien era y de lo que representaba en su arte.

Mientras el barco atracaba, una sonrisa genuina y luminosa se dibujaba en su rostro. Sí, había recorrido el mundo, había absorbido sus maravillas y había aprendido de sus maestros. Pero Lanzarote... Lanzarote era su canción de cuna, su refugio, su musa eterna.

César no volvía como un turista en busca de postales pintorescas, volvía como un hijo pródigo, listo para reanudar una conversación que, aunque había sido pausada, jamás se había silenciado. Y la isla, con su carácter indomable y su belleza inmutable, estaba lista para escuchar.

El contraste de la memoria

Lanzarote se presentó ante César como un lienzo familiar, pero también misteriosamente nuevo. Las ciudades que había visitado, con sus luces brillantes, sus calles bulliciosas y sus colores vibrantes, parecían ahora distantes ecos en su mente. Esos ecos se desvanecían rápidamente, reemplazados por el intenso contraste de la isla: el silencio cómplice de sus playas solitarias, el susurro de las palmeras mecidas por el viento y la vista eterna de sus paisajes volcánicos, marcados por el tiempo pero inmutables en su esencia.

Las primeras semanas tras su regreso estuvieron llenas de redescubrimiento. Caminaba por senderos que había recorrido de niño, permitiendo que cada paso resonara con recuerdos. Pero, a la vez, esos caminos ahora revelaban detalles que antes habían pasado desapercibidos: el juego de luces y sombras en una ladera rocosa, el delicado trazado de un cactus solitario o la paleta de colores que el atardecer pintaba sobre el mar.

Los mercados locales, con sus productos frescos y el aroma de especias autóctonas, le recordaban que, a pesar de la globalización y la influencia externa, Lanzarote había conservado su identidad única. César solía perderse entre los puestos, dejándose llevar por las conversaciones amigables de los lugareños, quienes, con su calidez característica, compartían anécdotas y noticias del día a día. Estas charlas espontáneas y genuinas eran un recordatorio palpable de la conexión humana que a menudo se perdía en las metrópolis abrumadoras.

Al recorrer los rincones de la isla, César se dio cuenta de que, si bien había regresado físicamente, mentalmente todavía estaba en proceso de aterrizaje. Las experiencias acumuladas durante sus viajes creaban un contrapunto interesante con la realidad de Lanzarote. No era una lucha, sino más bien una danza armoniosa entre lo que había visto y lo que estaba viendo.

Esta dualidad en su percepción le permitió a Manrique abordar su arte con una profundidad renovada. Los trazos de su pincel eran ahora más deliberados, las paletas de colores más ricas y las composiciones más introspectivas. La serenidad de Lanzarote le ofrecía un espacio seguro para reflexionar, procesar y, lo más importante, crear.

El artista había vuelto, no solo en cuerpo sino también en espíritu. Y Lanzarote, con su abrazo constante y su carácter inquebrantable, estaba más que dispuesta a guiarlo en este nuevo capítulo de su viaje creativo.

La geografía como musa

Lanzarote es, sin duda, una tierra de contrastes. Sus paisajes, esculpidos por la furia volcánica y suavizados por el paso implacable del tiempo, parecían contar historias. Historias que César, con su aguda sensibilidad artística, se sentía llamado a escuchar y a interpretar. Cada rincón de la isla susurraba secretos antiguos, y era este lenguaje silente el que César buscaba capturar en su obra.

Era difícil no quedar asombrado ante las playas de arena negra, herencia directa de su pasado volcánico. No eran las típicas playas de tarjetas postales, pero tenían una belleza profunda, misteriosa, casi melancólica. César solía caminar descalzo por ellas, sintiendo la textura granulada y fresca bajo sus pies. La arena, negra y brillante, se adhería a su piel, dejando huellas temporales que se borraban con el viento o con la siguiente ola. En esos momentos, él solía reflexionar sobre la efímera naturaleza de la vida y la permanencia del arte.

Las formaciones rocosas, por otro lado, se presentaban como testigos inmutables del tiempo. Algunas, afiladas y puntiagudas, parecían querer desafiar al cielo. Otras, más redondeadas y suaves, hablaban de resistencia y adaptación. César solía sentarse entre estas rocas, su cuaderno de dibujo en mano, y dejarse llevar por la inspiración. Las sombras que estas formaciones proyectaban al atardecer, el contraste entre sus tonalidades oscuras y el azul intenso del cielo, todo se convirtió en una fuente inagotable de inspiración para él.

El diálogo con la geografía de Lanzarote no era unidireccional. Mientras la isla le mostraba sus maravillas, César respondía con su arte. Sus pinturas y esculturas comenzaron a reflejar la textura rugosa de las rocas volcánicas, la suavidad de las dunas de arena, la impredecibilidad de las olas del mar. La paleta de colores que usaba, aunque diversa, se inclinaba hacia los tonos tierra, los grises volcánicos y los azules profundos.

Lo más fascinante de este intercambio era que, aunque César había viajado por el mundo y había visto paisajes de inigualable belleza, era Lanzarote la que dejaba una huella indeleble en su alma y en su obra. La isla no era solo un lugar para él; era un compañero constante, un colaborador silencioso y la musa más fiel. Con cada pincelada y cada escultura, César le rendía homenaje, agradeciéndole por las lecciones aprendidas y por la inspiración sin fin que le brindaba.

Simbiosis creativa

La genialidad de César Manrique no residía únicamente en su capacidad para interpretar la naturaleza a través de su arte, sino en cómo conseguía unirse a ella, convirtiéndose en un colaborador silencioso de la tierra que tanto amaba. Más que un artista en el sentido convencional, César se convirtió en un alquimista que, con cada obra, fusionaba lo natural y lo humano en un diálogo creativo ininterrumpido.

Muchos artistas intentan replicar la belleza del mundo en lienzos, esculturas o composiciones, pero César tenía un enfoque diferente. No buscaba simplemente representar a Lanzarote; quería ser parte de ella. Cada creación suya se enraizaba profundamente en el paisaje, de tal forma que era casi imposible determinar dónde terminaba la mano del artista y comenzaba la obra de la naturaleza.

Uno de los ejemplos más elocuentes de esta simbiosis es el "Jameos del Agua". Aquí, César no esculpió ni moldeó la roca; en su lugar, la honró, convirtiendo una serie de tubos volcánicos y cuevas en un espacio de contemplación y maravilla. El agua reflejaba destellos de luz que jugaban con las texturas volcánicas, creando un ambiente etéreo y mágico. Las formas naturales se complementaban con intervenciones mínimas, creando una experiencia inmersiva que dejaba sin aliento a quienes la visitaban.

Pero esta relación simbiótica con Lanzarote no se limitaba a grandes proyectos. En su hogar, en Taro de Tahíche, la vivienda se integra a las burbujas volcánicas, respetando y celebrando la aspereza y singularidad de la formación geológica. Las habitaciones, excavadas en la roca volcánica, servían como santuarios de tranquilidad, mientras que las ventanas ofrecían vistas panorámicas de la isla. Cada rincón de su hogar era un testimonio del amor profundo y respetuoso que sentía por la tierra que lo vio nacer.

Esta filosofía se trasladaba a su obra pictórica. En lugar de simplemente pintar paisajes, César capturaba la esencia de Lanzarote en cada trazo. Sus obras no eran meras representaciones, sino extensiones vivas de la isla, con sus tonos volcánicos, su luz única y su atmósfera tranquila.

La relación de César Manrique con Lanzarote era, en todos los aspectos, una danza delicada entre el artista y su musa. Era una relación de respeto mutuo, donde ninguno buscaba dominar al otro, sino complementarse, enriquecerse y crecer juntos. En esta simbiosis, César nos dejó una lección invaluable sobre la humildad, la pasión y el amor incondicional por la naturaleza. Una lección que sigue resonando en cada rincón de Lanzarote y en el corazón de todos aquellos que han tenido la fortuna de experimentar su legado.

El arte de escuchar a la tierra

Para muchos, Lanzarote es una tierra de contrastes visuales: playas negras, montañas rugosas, mares turquesa. Pero para César Manrique, la isla era mucho más que un mosaico de colores y formas. Era una entidad viva, una musa que susurraba secretos milenarios a aquellos dispuestos a escuchar. Y César, con su sensibilidad única, se convirtió en uno de esos afortunados oyentes.

En sus primeros días tras regresar de sus viajes, César redescubrió la isla no a través de la vista, sino del oído. Se embarcó en largas caminatas solitarias, a menudo al amanecer o al atardecer, cuando el mundo se tornaba más silencioso y las sombras jugaban con la topografía volcánica. Estas caminatas no tenían destino fijo; eran meras peregrinaciones del alma, momentos de comunión con la tierra que buscaban desentrañar sus misterios más profundos.

Mientras caminaba, el murmullo del viento acariciando las dunas, el suave crujir de la arena bajo sus pies, o el distante romper de las olas se convertían en notas de una sinfonía primordial. Esta música de la naturaleza no requería instrumentos; era el lenguaje puro de la tierra, transmitido a través de vibraciones y resonancias que solo un alma atenta podía interpretar.

En estas caminatas, César solía llevar consigo su cuaderno de dibujo. Pero no dibujaba de inmediato. Primero, se sentaba, cerraba los ojos y se sumergía en el silencio, dejando que la esencia de Lanzarote fluyera a través de él. Cuando finalmente abría su cuaderno, no era para replicar lo que veía, sino para plasmar lo que sentía, lo que escuchaba.

Estos momentos de profunda contemplación le permitieron a César entender la naturaleza de Lanzarote de una manera que pocos podían. No era un simple observador, sino un intérprete, un traductor de los sentimientos y emociones que la isla deseaba comunicar. Su arte, entonces, se convirtió en un reflejo de estos diálogos íntimos, en una representación fiel de la voz silente de Lanzarote.

Estas experiencias, tan íntimas y personales, revelan una faceta de César Manrique que va más allá del artista y del activista. Muestran a un hombre profundamente conectado con la tierra, un ser humano humilde que, en lugar de hablar, optó por escuchar. Y al hacerlo, no solo se entendió a sí mismo de manera más profunda, sino que también descubrió el verdadero lenguaje de la naturaleza, ese dialecto universal que conecta a todos los seres vivos en una danza eterna de existencia y belleza.

Respeto y preservación

Tras los ecos de su profundo diálogo con la tierra, la perspectiva de César Manrique hacia Lanzarote se tornó aún más reverente. Más allá del artista que plasmaba su interpretación de la isla en lienzos y esculturas, emergía un ecologista apasionado, un defensor del delicado equilibrio que Lanzarote había mantenido durante milenios. Para César, cada roca volcánica, cada grano de arena y cada onda en el océano tenía un propósito y una historia. Y ese tapeiz natural, que había evolucionado durante eones, merecía no solo admiración, sino también protección.

En sus primeros años tras el regreso, mientras César exploraba la fusión de su arte con el paisaje lanzaroteño, también se dio cuenta del potencial daño que el desarrollo sin restricciones podría infligir en la isla. Veía más allá de la belleza superficial; percibía la fragilidad subyacente, el equilibrio precario entre la vida y la tierra que podía ser fácilmente perturbado por la intervención humana.

Movido por esta comprensión, la filosofía artística de César comenzó a reflejar un principio fundamental: el respeto. Respeto por la tierra que le daba vida a su arte, respeto por las generaciones futuras que heredarían esa tierra y, sobre todo, respeto por el inmenso valor intrínseco de la naturaleza misma. Su arte no buscaba dominar o alterar el paisaje, sino realzarlo, celebrarlo, y en muchos casos, protegerlo.

Este compromiso con la sostenibilidad y la conservación se manifestó en cada uno de los proyectos en los que se embarcó. Desde la arquitectura que se integraba armoniosamente con el entorno hasta la defensa pública contra el desarrollo desenfrenado, César se convirtió en una voz líder en Lanzarote en la lucha por preservar su patrimonio natural.

Sin embargo, más que cualquier discurso o protesta, fueron sus acciones y obras las que articulaban de manera más elocuente su mensaje de conservación. Por ejemplo, en sus intervenciones arquitectónicas, era común ver cómo aprovechaba las formaciones naturales, como cuevas o burbujas volcánicas, para crear espacios que no solo estuvieran en sintonía con la naturaleza, sino que la ensalzaran.

Los lugareños y aquellos que tuvieron el privilegio de trabajar junto a él atestiguaban su meticulosidad y su insistencia en minimizar el impacto ambiental. Era común verlo debatir apasionadamente sobre cómo un proyecto podría adaptarse mejor al entorno, o cómo se podría modificar para ser más sostenible.

A través de estas acciones, César Manrique no solo defendió la belleza de Lanzarote, sino que también dejó un legado duradero: un recordatorio de que el verdadero arte y la verdadera belleza residen en la simbiosis con la naturaleza, en el entendimiento de que somos, después de todo, solo un pequeño fragmento en el vasto lienzo de la vida. Su vida y su obra son testimonios del poder del respeto, la preservación y el amor incondicional hacia la tierra que nos cría y nos nutre.

Los colores de Lanzarote

Después de haber viajado por todo el mundo y haberse sumergido en una amplia gama de paisajes y culturas, uno podría pensar que César Manrique había visto toda la paleta de colores que el mundo tenía para ofrecer. Sin embargo, al regresar a Lanzarote, se dio cuenta de que la isla que llamaba hogar tenía su propia gama única y rica que rivalizaba con cualquier otra que hubiera experimentado.

El negro intenso de la lava solidificada, que cubría vastas extensiones de la isla, no era un simple negro. Era un matiz profundo, cargado de historia y de misterio, recordando la furia del vulcanismo que había dado forma a Lanzarote. César se sintió atraído por esta negrura, no como un símbolo de desolación, sino como un testimonio del poder regenerador de la naturaleza. Veía en él un lienzo en bruto, listo para ser transformado y embellecido.

Por otro lado, el azul del océano que rodeaba Lanzarote no era el mismo azul que había visto en otros mares. Era un azul cristalino, a veces calmado y sereno, a veces salvaje y tumultuoso, pero siempre presente. Este azul, combinado con el dorado de las playas y el verde esmeralda de las pocas pero resistentes plantas de la isla, le ofrecía una gama de colores que se convirtió en su musa constante.

Pero más allá de los colores obvios, había matices que solo un artista con la sensibilidad y conexión de César podría percibir. El rojizo del atardecer reflejado en los charcos de las salinas, el gris plateado de los peces que destellaban bajo la superficie del agua, o el blanco calcáreo de los pequeños pueblos esparcidos por la isla. Cada uno de estos colores contaba una historia, y César estaba más que dispuesto a escuchar y transmitir esas historias a través de su arte.

Además, cada vez que exploraba la isla, parecía descubrir nuevos tonos y matices. Las piedras volcánicas, por ejemplo, podían variar de un marrón terroso a un rojo oxidado, dependiendo de su composición y de cómo la luz del sol las golpeara. Las aguas termales escondidas, con sus algas y minerales únicos, ofrecían tonalidades de verde y azul que parecían pertenecer a otro mundo.

César solía decir que, si bien había viajado por todo el mundo en busca de inspiración, era en Lanzarote donde encontraba la paleta de colores más rica y variada. Y es que para él, estos colores no eran solo tonalidades para pintar; eran emociones, recuerdos y conexiones profundas con su tierra natal.

Era evidente en su obra cómo estos colores influían en su creatividad. Desde sus pinturas y esculturas hasta sus intervenciones arquitectónicas, los colores de Lanzarote se tejían intrínsecamente, ofreciendo al mundo una perspectiva única sobre la belleza cruda y natural de la isla. A través de sus ojos y su arte, César Manrique invitó al mundo a ver Lanzarote no solo como una isla, sino como un espectáculo de colores vivos, cada uno con su propia voz y su propia historia.

Arte integrador

Si bien muchos artistas buscan dejar una huella distintiva en su obra, César Manrique siempre tuvo una visión diferente: deseaba que su arte no solo se mezclara con el entorno de Lanzarote, sino que lo mejorara, que lo complementara. Su enfoque no era de dominación, sino de colaboración. En lugar de imponer su visión sobre la isla, César buscaba formas de que su arte se convirtiera en un puente, uniendo la belleza natural de Lanzarote con la experiencia humana.

Las intervenciones artísticas de César en la isla son testimonio de esta filosofía. Desde los Jameos del Agua hasta el Mirador del Río, su obra no aparece como una estructura extraña o ajena, sino que fluye con la geografía, parece emerger de ella. Sus creaciones se integran de tal manera que, para el observador desprevenido, a veces puede ser difícil distinguir dónde termina la naturaleza y comienza el arte.

Pero César no buscaba solo una estética agradable. Su visión iba más allá. Quería que estos lugares se convirtieran en espacios vivos, en puntos de encuentro para la comunidad. Y en eso, sin duda, tuvo un éxito rotundo. Cada uno de sus proyectos se convirtió en un espacio donde los habitantes de Lanzarote y los visitantes podían interactuar, disfrutar y reflexionar. No eran solo obras de arte; eran plazas, parques, miradores, lugares de esparcimiento y contemplación.

A través de su obra, César demostró una profunda comprensión del espíritu de Lanzarote. Comprendió que la isla, con su paisaje volcánico y su historia rica y compleja, no necesitaba grandes monumentos o estructuras imponentes. Lo que necesitaba era un toque sutil, una mano que supiera cómo resaltar su belleza sin opacarla.

Al hablar con aquellos que conocieron a César, uno se da cuenta rápidamente de la empatía y el amor que sentía por su tierra natal. No era un artista que trabajara desde una torre de marfil, desconectado de la realidad de su entorno. Por el contrario, estaba profundamente arraigado en la comunidad, y su arte era, en muchos sentidos, un regalo para ella.

Esta relación simbiótica entre el artista y la isla es, quizás, lo que hace que la obra de César Manrique en Lanzarote sea tan especial. No solo transformó el paisaje, sino que lo hizo de una manera que beneficia y enriquece a todos. En sus intervenciones, César nos dejó un legado duradero: un recordatorio de que el arte, en su mejor expresión, tiene el poder de unir, de mejorar y de inspirar.

El legado de un visionario

Muchos artistas buscan la inmortalidad en sus creaciones, pero César Manrique aspiraba a algo mucho más profundo: dejar un legado que respirara, que se sintiera vivo, que pudiera crecer y transformarse con el paso del tiempo. Al caminar por Lanzarote, uno puede sentir la presencia omnipresente de César no solo en las estructuras físicas que diseñó, sino en el espíritu que insufló en cada rincón de la isla.

En vez de solo crear monumentos estáticos que conmemoraran su talento, César diseñó espacios que invitaban a la interacción. No eran solo lugares para ser vistos, sino para ser vividos. Desde los espacios subterráneos de los Jameos del Agua, que brillan con una magia etérea, hasta el viento que susurra historias pasadas en el Mirador del Río, cada obra es un testamento de un artista que pensaba más allá del presente, que buscaba establecer un diálogo entre la naturaleza y las futuras generaciones.

Es este deseo de integrar su arte en el tejido mismo de Lanzarote lo que distingue a César Manrique de muchos de sus contemporáneos. En una época donde el mundo del arte se movía rápidamente hacia la abstracción y la experimentación, César eligió un camino diferente. Su canvas no era solo el lienzo o la piedra, sino el paisaje, la comunidad, la historia y la cultura de Lanzarote.

Para quienes tuvieron el privilegio de conocerlo, las historias sobre César no solo giran en torno a su genialidad como artista, sino también a su calidez como ser humano. Era conocido por su sonrisa genuina, su entusiasmo contagioso y su habilidad para ver la belleza en los lugares más inesperados. Estos relatos, llenos de anécdotas y recuerdos, ofrecen una ventana a la esencia de un hombre que, a pesar de su estatura artística, nunca perdió el contacto con las cosas simples y auténticas de la vida.

El legado de César Manrique no se mide solo en las obras que dejó atrás, sino en cómo estas obras han influido y seguirán influyendo en la percepción y valoración del entorno natural y cultural de Lanzarote. Gracias a su visión, la isla no es solo un destino turístico, sino un testimonio viviente de lo que puede lograrse cuando el arte y la naturaleza trabajan en armonía. En César, Lanzarote encontró a su más fiel defensor, y a través de su legado, la isla seguirá susurrando su historia y sus sueños a quienes estén dispuestos a escuchar.

Una isla, un corazón

Cuando César Manrique hablaba de Lanzarote, su voz se llenaba de un timbre especial, cargado de reverencia y cariño. Para él, la isla no era simplemente un lugar en el mapa o el suelo bajo sus pies; era el pulso vital que alimentaba cada faceta de su ser. Lanzarote era su musa, su refugio, y en muchos sentidos, su alma gemela. A través de su obra, él buscaba no sólo celebrar la belleza única de la isla, sino también capturar su espíritu indomable y su energía vibrante.

Cada piedra, cada grano de arena, cada onda que acariciaba la costa de Lanzarote tenía una historia que contar, y César se convirtió en el narrador de esas historias. Pero más allá de ser un simple narrador, él se veía a sí mismo como un puente entre la isla y aquellos que la visitaban. A través de sus intervenciones artísticas, buscaba invitar a la gente a mirar más allá de la superficie, a sentir la esencia de Lanzarote, a conectar con su corazón.

Había algo en la manera en que César se movía por Lanzarote que revelaba esta profunda conexión. Podía pasarse horas observando un cactus solitario contra el horizonte o maravillarse ante el contraste de una playa de arena negra bajo un cielo azul intenso. Para él, la belleza de la isla no residía sólo en sus paisajes, sino en la manera en que estos paisajes se entrelazaban con las emociones humanas, en cómo evocaban sentimientos de asombro, serenidad y pertenencia.

Si hay algo que César Manrique quería transmitir con su legado, es la idea de que Lanzarote no debe ser simplemente observada, sino vivida. Invitaba a cada visitante a dejar de ser un espectador pasivo y a sumergirse en la experiencia de la isla, a permitirse ser tocado por su magia. "Siente la tierra bajo tus pies, escucha el susurro del viento, déjate abrazar por el calor del sol", parecía decir con cada obra.

Al final, la relación de César con Lanzarote va más allá de la de un artista con su inspiración. Era una relación de amor profundo y recíproco, una danza eterna entre un hombre y su tierra. Y aunque César ya no está físicamente entre nosotros, su espíritu vive en cada rincón de Lanzarote, recordándonos la importancia de abrir nuestros corazones a la belleza que nos rodea y de encontrar nuestra propia conexión con la naturaleza.

En última instancia, César Manrique no solo nos dejó un legado artístico, sino una invitación a vivir con pasión, a ver el mundo con ojos llenos de asombro y a encontrar nuestro propio hogar en el inmenso tapiz de la naturaleza.

Obras iniciales

Los primeros trazos

Como todo gran artista, la historia de César Manrique no comienza en la cima de su fama, sino en los confines más íntimos y genuinos de su infancia en Lanzarote. En las calles polvorientas y bajo el cielo azul brillante de esta isla, un joven César encontraría las primeras pinceladas de su destino.

El paisaje de Lanzarote, con sus contrastes volcánicos y marinos, se convirtió en su primer maestro, enseñándole sobre colores y texturas mucho antes de que entrara a cualquier estudio de arte. Sus juegos infantiles estaban impregnados de creatividad, dibujando en la arena o moldeando figuras con arcilla local. No era raro ver al pequeño César absorto, observando cómo las olas chocaban contra las rocas o cómo el viento modelaba las dunas, almacenando cada detalle en su prodigiosa memoria visual.

A medida que crecía, su educación formal en el arte comenzó a tomar forma. Aunque su entorno en Lanzarote estaba lejos de los grandes centros artísticos de Europa, tenía acceso a maestros apasionados que rápidamente reconocieron su talento innato. Estos educadores, consciente de su potencial, le proporcionaron las herramientas y técnicas básicas, pero también entendieron la importancia de no coartar su estilo único y visceral.

La isla, en muchos sentidos, actuaba como una extensión de su cuaderno de bocetos. Desde los paisajes rocosos hasta las aldeas blancas que se asomaban sobre el horizonte azul, cada rincón le ofrecía una lección. Sin embargo, lo más importante es que, incluso en esta edad temprana, César ya mostraba una habilidad excepcional para ver más allá de lo obvio, para capturar no solo la forma, sino el alma de su sujeto.

Estos primeros trazos, estos humildes comienzos, son esenciales para entender al artista que César Manrique se convertiría. No solo demuestran su habilidad y pasión, sino también la profunda conexión con su tierra natal, una relación que continuaría influyendo en su obra durante toda su vida. Sin adelantar mucho, es vital entender que el arte de Manrique no nació de la nada; fue el fruto de una vida entera de observación, aprendizaje y, sobre todo, amor por la belleza en todas sus formas.

La influencia insular

Lanzarote no es simplemente una isla; es un mosaico de emociones, de texturas, de historias milenarias plasmadas en cada grano de arena y en cada roca volcánica. Para César Manrique, nacido y criado bajo el abrazo cálido del Atlántico y la sombra de sus montañas y volcanes, Lanzarote no era solo su hogar, sino el lienzo principal de su arte.

Desde sus días más tempranos, este rincón insular dejó una huella indeleble en el alma de César. Cuando aún era un joven aprendiz, antes de que sus obras alcanzaran galerías y museos, ya se podía percibir la esencia de Lanzarote en sus creaciones. No se trataba solo de paisajes y retratos, sino de un sentimiento, una atmósfera, una vibración que solo puede emanar de alguien que ama profundamente su tierra.

Sus primeras piezas reflejaban el juego de contrastes que la isla ofrecía: la dureza y aspereza de la lava volcánica frente a la suavidad de las dunas; el blanco inmaculado de las casas tradicionales contra el azul profundo y vasto del océano. Estos contrastes, sin embargo, no eran presentados como dualidades opuestas, sino como armonías complementarias. César veía la belleza en la coexistencia, en la interacción entre los elementos, en el equilibrio.

A lo largo de sus obras tempranas, se puede observar cómo el artista se sumerge en un profundo diálogo con su isla. Cada trazo, cada color, cada sombra es una carta de amor a Lanzarote. A través de sus manos, los molinos, las playas escondidas, las montañas y los campos de cultivo cobran vida, invitando al espectador a sentir la brisa marina, a escuchar el murmullo de las olas y a perderse en la inmensidad del paisaje.

Es también notable cómo César logra capturar la vida cotidiana de la gente de Lanzarote, sus festividades, sus tradiciones, sus luchas y alegrías. La humanidad de la isla, su gente, se entrelaza perfectamente con su geografía, creando un retrato holístico que va más allá de la mera representación.

Estas obras iniciales, marcadas por la influencia insular, son una ventana al corazón de César Manrique. Nos muestran a un artista joven, pero profundamente conectado con su tierra, alguien que, desde sus primeros días, entendió el poder del lugar, de la historia, de la tradición y cómo todo ello podía ser canalizado a través del pincel y el lienzo. Y mientras seguimos este viaje artístico, es vital recordar que, aunque César evolucionó y maduró, Lanzarote siempre permaneció en su centro, como su brújula y su musa eterna.

El abrazo al abstracto

En la vastedad de la historia del arte, hay movimientos que no solo marcan una época, sino que resuenan íntimamente con el espíritu de ciertos artistas, convirtiéndose en el lenguaje con el que expresan su mundo interno. Para César Manrique, ese lenguaje fue el arte abstracto.

El arte, en su naturaleza más pura, no es una simple representación de la realidad, sino una interpretación, un diálogo entre el creador y el observador. Y en ese diálogo, César encontró en el abstracto un espacio sin límites, un terreno donde podía desplegar sin restricciones su vasta paleta de emociones, sensaciones y pensamientos.

Pero, ¿qué llevó al joven Manrique a inclinarse por esta forma tan libre y, a menudo, incomprendida del arte? La respuesta yace, quizá, en su misma naturaleza. César, con su carácter apasionado, curioso y, a veces, rebelde, encontró en el abstracto un reflejo de sí mismo. Aquí, no había reglas estrictas, no había formas preconcebidas, y cada pieza podía ser tan variada y compleja como las emociones humanas.

El entorno insular de Lanzarote, con su belleza cruda y contrastante, fue una influencia palpable en su obra, pero el arte abstracto le ofreció la oportunidad de ir más allá de lo visible, de explorar las profundidades del alma, tanto de la isla como la suya propia. En sus primeras incursiones en este estilo, se puede percibir una lucha, una búsqueda, un intento de plasmar en el lienzo sentimientos que, a menudo, carecían de palabras para describirse.

Las texturas, las formas superpuestas, los colores vivaces y las pinceladas apasionadas se convirtieron en las herramientas con las que César comenzó a comunicar sus visiones más íntimas. Este no era un arte que pudiera ser descrito con facilidad, y precisamente en esa indescriptibilidad radicaba su belleza. El observador no se enfrenta a una imagen concreta, sino a una emoción, a un sentimiento, a una invitación a sumergirse y descubrir su propio significado en cada trazo.

Aunque muchos artistas del período se sentían atraídos por el abstracto, pocos lograron conectar tan íntimamente con este estilo como lo hizo Manrique. En él, no era una moda ni una tendencia, sino una genuina expresión de su ser. A través de sus obras tempranas en este género, podemos apreciar no solo la evolución de un artista excepcional, sino el viaje personal de un hombre en constante búsqueda de autenticidad, de libertad y de un diálogo sincero con el mundo que lo rodeaba.

Al adentrarnos en esta etapa de su vida, no solo descubrimos a César el artista, sino también al ser humano, al soñador, al visionario. Es un recordatorio de que el arte, en sus múltiples formas, es, ante todo, un reflejo del alma.

Recepción temprana

La vida de un artista, especialmente en sus inicios, es una danza entre la creación y la interpretación. César Manrique, en sus primeras exposiciones, experimentó este delicado equilibrio, donde sus visiones se encontraban con las miradas del mundo exterior, a veces críticas, a veces comprensivas, pero siempre cargadas de expectativas.

Las primeras muestras de César en la década de 1950 en Madrid, antes de su mudanza a Nueva York, se pueden describir como reveladoras. Aquí estaba un artista cuya alma estaba intrínsecamente ligada a Lanzarote, pero cuyos trazos y paleta parecían trascender fronteras, hablando un lenguaje universal del arte que tocaba corazones y despertaba mentes.

A menudo, los inicios de un artista en el mundo de las exposiciones pueden ser terrenos tumultuosos, un campo minado de críticas, opiniones y, a veces, malentendidos. No obstante, para César Manrique, su debut ante el mundo artístico fue como una bocanada de aire fresco en un ambiente que anhelaba la innovación y la genuina expresión.

A mediados del siglo XX, el escenario artístico estaba en plena efervescencia, con la posguerra dejando a su paso una sociedad ávida de nuevas formas y lenguajes artísticos. Fue en este contexto que César, con su enfoque fresco y audaz, comenzó a presentar sus obras al público y a la crítica especializada.

Las críticas, en su mayoría, se balanceaban entre la sorpresa y el asombro. La innovación en sus técnicas y la osadía con la que abrazaba el abstracto, en una época donde este estilo aún era objeto de debate en muchos círculos, no dejaba indiferente a nadie. Algunos críticos se mostraron cautelosos, intentando descifrar y etiquetar el nuevo talento, mientras que otros, más visionarios, reconocieron de inmediato la frescura y autenticidad que César aportaba al panorama artístico español.

El público, por otro lado, se enfrentó a sus obras con una mezcla de curiosidad y admiración. Las exposiciones de Manrique se convirtieron en eventos esperados, en encuentros donde el arte y las emociones fluían libremente. Sus piezas no eran meramente objetos estéticos; eran conversaciones, preguntas sin respuesta, desafíos a la percepción convencional. Y en ese desafío, muchos encontraron inspiración, emoción y, a veces, consuelo.

Sus primeras exposiciones no dejaron a nadie indiferente. Había en ellas una combinación inusual: la crudeza y autenticidad de Lanzarote, mezcladas con un lenguaje abstracto que invitaba a la introspección. Para muchos, fue la primera vez que contemplaban una interpretación tan singular de la isla, y esa novedad resultó ser tanto desconcertante como fascinante.

Los críticos, siempre con su ojo clínico y su pluma afilada, se dividían en sus opiniones. Algunos veían en Manrique a un genio en ciernes, alguien que estaba redefiniendo las fronteras del arte contemporáneo español. Destacaban su habilidad para plasmar, con cada pincelada, no solo la belleza visible de Lanzarote, sino también su esencia etérea, su alma. Para otros, su estilo resultaba enigmático, y les costaba encasillarle dentro de las corrientes artísticas del momento. Esta ambigüedad, lejos de ser una desventaja, añadía un manto de misterio alrededor del joven artista.

El público, por su parte, experimentaba una mezcla de asombro y curiosidad. Aunque no todos comprendían plenamente las complejidades del arte abstracto, la pasión y autenticidad con las que César se expresaba eran palpables.

A pesar del éxito inicial y del creciente interés que sus obras generaban, César permaneció humilde y fiel a su esencia. No buscaba el aplauso fácil ni el reconocimiento efímero. Cada crítica, ya fuera positiva o negativa, era una oportunidad para reflexionar, aprender y crecer. Y aunque apreciaba el cariño del público, sabía que su verdadero compromiso era con el arte y con su isla natal, que seguía siendo la musa silente detrás de cada trazo, de cada color, de cada emoción plasmada.

En este período de reconocimiento temprano, César Manrique sentó las bases de lo que sería una carrera brillante y transformadora. Pero más allá de los elogios y las críticas, su verdadero legado fue su capacidad para conectar, para comunicar y para invitarnos a todos a ver el mundo, y especialmente Lanzarote, con ojos renovados, con una perspectiva más profunda y más humana.

Encuentros formativos

La vida de César Manrique, como la de muchos artistas, no puede ser plenamente comprendida sin reconocer a las personas que influyeron en su formación, que lo desafiaron y lo inspiraron a lo largo de su camino. Estas interacciones y amistades, tejidas en el intrincado tapiz de su experiencia, jugaron un papel crucial en la orientación de su brújula creativa y en la formación de su singular visión artística.

En la década de 1950, durante su estancia en Madrid, César tuvo la oportunidad de sumergirse en un ambiente artístico vibrante, compartiendo espacio y tiempo con muchos artistas contemporáneos. Uno de los primeros y más significativos encuentros fue con el pintor y escultor Fernando Zóbel. Juntos, exploraron las profundidades del arte abstracto, compartiendo visiones y técnicas. Fernando, con su perspectiva internacional y su conocimiento profundo del arte, ofreció a César perspectivas que ampliaron su horizonte y desafiaron sus límites.

Además, durante su breve pero intensa estancia en Nueva York a finales de los años 60, César se vio inmerso en el epicentro del arte contemporáneo. Aquí, entabló relaciones con artistas vanguardistas, incluido el famoso Willem de Kooning, con quien compartió apasionadas discusiones sobre el arte y la vida. Estos intercambios, en cafés y estudios, no solo enriquecieron su percepción del arte abstracto, sino que también consolidaron su convicción sobre la relación simbiótica entre arte y naturaleza.

Otro encuentro vital para César fue con José Saramago, el laureado novelista portugués que, aunque no fue un artista visual, compartió con Manrique una profunda admiración por Lanzarote. Su amistad se cimentó en la mutua comprensión de la isla como un paisaje vivo, y Saramago llegó a decir una vez que Manrique había "enseñado a la gente a vivir". Las conversaciones entre estos dos genios creativos reflejaban una sintonía de pensamiento, una conexión profunda con la tierra, y una visión común sobre la intersección de arte, naturaleza y humanidad.

Estas amistades y muchas otras, algunas célebres y otras menos conocidas, pero no menos significativas, fueron esenciales en la formación de la identidad artística de César. Cada conversación, cada interacción, fue un eslabón en la cadena que lo llevó a desarrollar su visión única y a abrazar su misión de proteger y embellecer su amada Lanzarote.

En retrospectiva, es evidente que César no era solo un producto de su entorno insular, sino también de una rica tapeza de relaciones y encuentros formativos. Estos encuentros, lejos de atarlo a una única corriente o estilo, le permitieron volar, siempre con Lanzarote en su corazón, pero con el mundo entero como su lienzo.

El reflejo social

La obra de un artista no es un simple reflejo de su entorno, sino que a menudo trasciende, convirtiéndose en un espejo que nos devuelve una imagen más profunda, a veces perturbadora, a veces inspiradora, de la sociedad en la que vive. En el caso de César Manrique, su arte no sólo es un testimonio de su profundo amor por Lanzarote y su naturaleza, sino también un reflejo sutil y evocador de la sociedad y la cultura de su tiempo.

A lo largo de la tumultuosa década de los 60 y 70, España, y en particular las Islas Canarias, experimentó rápidos cambios sociales y políticos. El turismo comenzó a florecer, trayendo consigo una avalancha de influencias externas y, con ellas, un dilema sobre cómo equilibrar el desarrollo con la preservación. César, con su sensibilidad innata, captó este momento de transición y lo plasmó en su arte.

Por ejemplo, su serie de murales en el aeropuerto de Lanzarote, que datan de los años 70, son más que simples obras de arte. Son, en cierta medida, una crónica visual de la época: aviones que representan el auge del turismo, figuras humanas que reflejan la diversidad de visitantes, y elementos naturales que son un recordatorio constante de la belleza única de la isla. Pero si uno mira más de cerca, también puede percibir un sutil comentario sobre la tensión entre el desarrollo y la sostenibilidad, una preocupación que Manrique defendió apasionadamente.

Más allá de sus murales, muchas de sus esculturas y pinturas abstractas, aunque a primera vista parecen desvinculadas de cualquier narrativa social, en realidad contienen un comentario sutil sobre la vida en Lanzarote. Las formas fluidas y orgánicas, entrelazadas con estructuras más rígidas, pueden interpretarse como una representación del equilibrio delicado entre el hombre y la naturaleza, entre la tradición y la modernidad.

La obra de César también reflejó su preocupación por la pérdida de la identidad cultural en medio del auge del turismo. Su resistencia al desarrollo desenfrenado, su abogacía por un turismo sostenible y respetuoso con el medio ambiente, y su deseo de preservar la arquitectura tradicional canaria son evidentes en muchos de sus proyectos y declaraciones públicas. Pero en su arte, estas preocupaciones se presentan de una manera más poética y abstracta, invitando al espectador a reflexionar y, quizás, a actuar.

En resumen, aunque César Manrique es ampliamente reconocido por su genialidad estética y su amor por Lanzarote, también debe ser recordado como un artista que, con sutileza y gracia, comentaba sobre la sociedad de su tiempo. A través de su lente, no sólo vemos la belleza de una isla, sino también los desafíos, las esperanzas y las tensiones de una era en constante cambio.

Espacios y arquitectura

Antes de que la idea de fusionar arte y arquitectura se convirtiera en una tendencia global, César Manrique ya vislumbraba la posibilidad de un matrimonio entre estos dos mundos, intrínsecamente conectados pero frecuentemente tratados como entidades separadas. Esta visión vanguardista y casi profética de Manrique no solo refleja su genialidad, sino también su conexión profunda y espiritual con la isla de Lanzarote.

Desde joven, César demostró una inclinación hacia los espacios y su potencial transformador. Mientras otros artistas veían la arquitectura como una mera construcción funcional, él la veía como un lienzo en sí mismo, esperando ser intervenido, embellecido y reimaginado. Cada piedra, cada estructura y cada espacio parecía hablarle, susurrándole las posibilidades infinitas de creación.

Uno de los primeros atisbos de esta fusión innovadora se vio en la casa que diseñó para sí mismo, construida dentro de una burbuja volcánica en Tahíche. Esta morada, que eventualmente se convertiría en la Fundación César Manrique, es un testimonio elocuente de su filosofía. Aquí, la naturaleza y la arquitectura coexisten en una danza armoniosa, cada elemento respetando y ensalzando al otro. Las formas orgánicas de las cuevas volcánicas se entrelazan con líneas modernas y audaces, creando un espacio que es, a la vez, un refugio y una obra maestra.

Pero más allá de su propia residencia, César comenzó a ver toda Lanzarote como un gran lienzo en espera. Reconoció el potencial de la isla para convertirse en un modelo de desarrollo sostenible, donde la arquitectura no solo respetara el entorno natural, sino que lo celebrara y lo realzara. Este interés inicial por crear espacios que eran tanto funcionales como estéticamente atractivos se manifestaría en proyectos emblemáticos, como los Jameos del Agua o el Mirador del Río, que combinan utilidad pública y asombro visual.

La empatía que sentimos hacia César no proviene únicamente de su talento deslumbrante, sino de su respeto genuino por Lanzarote y su deseo ardiente de preservar su belleza para las generaciones futuras. Mientras muchos artistas buscan dejar su marca, Manrique aspiraba a fusionarse con la tierra, a ser un facilitador que revelara la belleza inherente de la isla a través de intervenciones cuidadosas y consideradas.

La temprana fusión de arte y arquitectura en la obra de Manrique no fue un simple capricho estilístico, sino una respuesta visceral a Lanzarote. Su legado no es simplemente el de un artista o un arquitecto, sino el de un visionario que entendió, antes que muchos otros, que el arte y el espacio habitable podían, y deberían, coexistir en armonía perfecta.

Reconocimientos y retos

A medida que los trazos y visiones de César Manrique empezaban a resonar en el mundo del arte contemporáneo, era inevitable que tanto los elogios como las críticas afloraran. El viaje artístico, incluso para alguien tan prodigiosamente talentoso como Manrique, nunca es un camino completamente pavimentado con rosas. Al contrario, está salpicado de espinas y obstáculos que ponen a prueba la resiliencia y la determinación del artista.

Desde sus primeras exposiciones en Madrid y más tarde en ciudades internacionales como Nueva York y Berlín, el enfoque vanguardista y la técnica impecable de Manrique recibieron reconocimientos bien merecidos. Críticos de renombre, que antes habían sido testigos de movimientos artísticos revolucionarios, comenzaron a ver en César una frescura y autenticidad que, en aquel entonces, resultaba difícil de encontrar. Su capacidad de fusionar tradición y modernidad, de traer la voz de Lanzarote al escenario global, le otorgó premios y honores que posicionaron su nombre entre las estrellas ascendentes del arte contemporáneo.

Pero, como suele suceder, con el reconocimiento también vinieron los desafíos. Algunos puristas del arte sintieron que su obra estaba demasiado ligada a Lanzarote, que su identidad insular podría limitar su relevancia en contextos más amplios. Otros cuestionaron su incursión en la arquitectura, sugiriendo que tal vez estaba diluyendo su esencia como pintor. En ocasiones, las críticas no solo apuntaban a su trabajo, sino a su fuerte defensa de la conservación de Lanzarote, viendo en él a un artista que se entrometía en temas que, según ellos, no eran de su competencia.

Sin embargo, lo que realmente es digno de admiración es cómo Manrique manejó estos retos. En lugar de encerrarse en una torre de marfil, eligió enfrentarse a las críticas con gracia y determinación. Sus respuestas eran meditadas, nunca impulsivas, y demostraban una profunda comprensión de su propio viaje y propósito. Aquí yace la verdadera fortaleza del carácter de César: su habilidad para mantenerse fiel a sí mismo y a su tierra natal, independientemente de las voces disidentes.

Para quienes tenemos el privilegio de adentrarnos en la vida de César Manrique a través de las páginas de la historia, es imposible no sentir una profunda empatía hacia él. No solo por la brillantez de su arte, sino también por su humanidad palpable. En los altos y bajos de sus primeros años, vemos reflejada la lucha eterna del artista: el deseo de ser entendido y apreciado, y el coraje necesario para superar cada obstáculo en el camino. Es un testimonio de que el verdadero arte, el arte que perdura, se forja tanto en la alegría del reconocimiento como en la soledad de la crítica.

Un lenguaje universal

Dentro del vasto mosaico del arte mundial, existen artistas cuyas obras trascienden fronteras, cuyos pinceles parecen trazar líneas que conectan corazones y mentes sin importar las millas que los separen. César Manrique, con su innegable don, se estableció en ese raro y privilegiado grupo, hablando a través de su arte en un lenguaje que no necesita traducción.

Desde los áridos paisajes de Lanzarote hasta las bulliciosas calles de Manhattan, el trabajo de Manrique fue una carta de amor a la humanidad y la naturaleza, escrita en un dialecto que todos podrían entender. ¿Cómo logró tal hazaña? No fue solo la técnica, que desde luego poseía en abundancia, ni la innovación, de la que era un ferviente defensor. Era su capacidad para capturar emociones universales, para evocar sentimientos que, independientemente de nuestra procedencia, todos hemos sentido en algún momento.

Las líneas fluidas y las formas orgánicas presentes en sus obras reflejan las interconexiones de la vida, el entrelazado eterno de la humanidad con el mundo natural. Sus paletas de colores, aunque profundamente arraigadas en los tonos de su Lanzarote natal, también evocaban emociones universales: los azules profundos de la introspección, los rojos ardientes de la pasión, los dorados y ocres que nos recuerdan los interminables ciclos del sol y la tierra.

El eco de este lenguaje universal fue particularmente audible en sus exposiciones internacionales. Aunque Manrique siempre llevaba consigo la esencia de su tierra natal, sus obras encontraron resonancia en audiencias desde París hasta Tokio. Los críticos de arte, a menudo difíciles de complacer, encontraban en sus piezas una frescura que los conectaba con emociones profundas y a menudo olvidadas. Mientras que el público, incluso aquellos que quizás nunca habían oído hablar de Lanzarote, sentían una familiaridad en sus obras, un recordatorio de que, bajo el sol, todos somos uno.

Este universalismo en su arte no solo es un testimonio de su genialidad, sino también de su empatía. Manrique tenía la capacidad de mirar más allá de su propio entorno y conectarse con lo que late en el corazón de la experiencia humana. Al hacerlo, no solo elevó su arte, sino que también nos elevó a todos nosotros, recordándonos nuestra interconexión y la belleza inherente en cada rincón de este vasto mundo.

Para aquellos que experimentan el trabajo de Manrique, es como escuchar una melodía familiar en un país extranjero. Es un recordatorio de que, aunque las palabras pueden diferir y las culturas pueden variar, hay emociones, aspiraciones y sueños que todos compartimos. Es el arte en su forma más pura, uniendo al mundo con pinceladas y visiones, y en ese idioma, César Manrique fue, sin lugar a dudas, un maestro.

Semillas de un legado

Cada gran árbol, con sus ramas majestuosas y raíces profundas, comienza como una simple semilla. En el vasto jardín del arte, las primeras obras de César Manrique fueron precisamente eso: semillas que, aunque pudieran parecer modestas a simple vista, portaban en su interior la promesa de una exuberancia deslumbrante. Como cualquier observador perspicaz podría testimoniar, incluso en esos primeros trazos y bocetos, en esas primeras exploraciones de color y forma, había algo especial, un indicio de la magnitud de lo que estaba por venir.

Retrospectivamente, es casi como si cada pieza temprana fuese una ventana hacia el futuro, un vislumbre de la visión amplia y unificadora que Manrique cultivaría a lo largo de su carrera. Ya estuviera experimentando con el abstracto, reflejando las dinámicas sociales de su tiempo, o fusionando arte y arquitectura de formas innovadoras, había una constante: una autenticidad y pasión palpables que resonaban con todos los que tenían el privilegio de presenciar su arte.

Es un raro regalo, la habilidad de tocar almas y conectar corazones a través del lienzo. Y aunque el arte, en su esencia, es una forma de comunicación, lo que Manrique conseguía con sus obras era un diálogo sin palabras, una conversación profunda y muda que trascendía las barreras del lenguaje y la cultura. Era, y sigue siendo, una invitación a sentir y a reflexionar, a sumergirse en la belleza y el significado.

Tal vez la magia de Manrique resida en cómo consiguió que Lanzarote, con su singular geografía y carácter, cobrara vida en sus obras. Pero también podría encontrarse en su habilidad para ver más allá, para reconocer y abrazar las conexiones universales que unen a todas las personas, sin importar su origen.

Mientras cerramos este capítulo, es esencial entender que, aunque estemos hablando de los inicios de Manrique, no estábamos simplemente observando los primeros pasos de un artista. Estábamos siendo testigos de las semillas de un legado en germinación, semillas que, con el tiempo, crecerían y se expandirían, tocando horizontes lejanos y dejando una marca imborrable en el mundo del arte. En cada trazo, en cada sombra, en cada contraste, Manrique nos estaba dejando un mensaje: el arte es un viaje, y él estaba apenas comenzando.

Madurez artística

El Despertar de una Era

Los artistas, como la mayoría de nosotros, atraviesan etapas de evolución y transformación, pero hay momentos en los que un giro trascendental en su obra refleja no solo un cambio en su técnica, sino también en su visión del mundo. Para César Manrique, la madurez artística no se presentó únicamente como un refinamiento de su destreza, sino también como una profunda introspección que redefiniría su relación con el arte y el entorno que tanto amaba.

La isla de Lanzarote siempre fue su refugio, su musa, y en esta fase de su vida, Manrique no solo observaba su tierra natal, sino que también la escuchaba, sentía su pulso, su respiración, sus susurros y sus clamores. Si en sus obras iniciales la isla era una fuente de inspiración palpable, en su madurez, Lanzarote se convirtió en una parte integrada y fusionada con su ser.

La década de los 70 fue testigo de este cambio monumental. Fue un período que, a nivel mundial, estuvo lleno de revoluciones artísticas, sociales y culturales. España, aún en proceso de curación tras la dictadura, también experimentaba una efervescencia cultural. En este contexto, César regresa a Lanzarote después de un período en Nueva York, una ciudad donde el arte contemporáneo estaba en su apogeo. La amalgama de estas experiencias, sumado a su amor inmutable por Lanzarote, catalizó una nueva era en su trayectoria.

Esta etapa no se trató solo de un cambio estilístico. Se trató de un artista que se encontraba a sí mismo, que entendía que su voz tenía el poder no solo de representar, sino también de transformar. Las limitaciones que alguna vez pudo sentir se desvanecieron, y en su lugar, encontró un campo ilimitado de posibilidades.

Pero, ¿qué fue exactamente lo que cambió en Manrique durante este período? No fue un simple acto de refinamiento técnico o una búsqueda de nuevas formas. Fue, más bien, un profundo entendimiento de que el arte tiene la capacidad de ir más allá de las fronteras físicas y emocionales, de conectar con la esencia de la humanidad y con el alma del mundo natural.

César Manrique siempre tuvo una empatía natural que resonaba en sus obras, pero en este despertar artístico, esa empatía se volvió más profunda, más enraizada. Se transformó en un llamado, una invitación a todos nosotros para ver el mundo a través de sus ojos, para apreciar la belleza en sus múltiples formas, y para encontrar la armonía que tan apasionadamente él buscaba en cada pincelada y esculpido.

Este capítulo nos sumerge en la era dorada de Manrique, una época en la que su arte floreció con una profundidad y una pasión renovadas. Sin embargo, antes de adentrarnos en las obras específicas y en los matices de este período, es esencial comprender el viaje emocional y espiritual que llevó a Manrique a este despertar. Porque, al final del día, el arte no es solo una expresión de habilidad, sino un reflejo del alma del artista. Y en el caso de César, su alma estaba profundamente entrelazada con los vientos, las olas y las rocas volcánicas de su querida Lanzarote.

El Lenguaje de la Naturaleza

El arte, en su expresión más pura, a menudo se asemeja al diálogo: un intercambio continuo entre el artista y su entorno, entre el creador y su musa. Para César Manrique, Lanzarote no fue simplemente un telón de fondo o un escenario pasivo. Era un interlocutor activo, un aliado en su viaje artístico. Si en sus primeros años la isla le susurraba, en su madurez, Manrique y Lanzarote mantenían conversaciones profundas, llenas de entendimiento mutuo.

Las vastas extensiones de campos de lava, los cráteres escarpados, las playas de arenas doradas y negras, las palmeras solitarias que resistían en paisajes áridos... Todos estos elementos naturales no eran simplemente bellezas estáticas para Manrique; eran símbolos, metáforas, e incluso a veces parábolas de la vida misma.

La década de los 70 y 80 vio a Manrique sumergirse aún más en estos paisajes, pero no como un simple observador. Se zambulló en ellos, interpretando cada rincón y grieta, cada ola y cada duna, con una sensibilidad renovada. Ya no se trataba solo de representar la belleza física de Lanzarote. Era un intento de capturar su esencia, su alma.

El artista siempre había sentido una profunda conexión con la isla, pero en este período de madurez, esa conexión se volvió más introspectiva. Los paisajes volcánicos, en particular, se convirtieron en una fuente de inspiración inagotable. En lugar de verlos simplemente como testigos mudos de erupciones pasadas, Manrique comenzó a interpretarlos como lienzos de la naturaleza, donde cada capa de lava contaba una historia, cada formación rocosa era una escultura esculpida por el tiempo.

Por ejemplo, su interpretación del Parque Nacional de Timanfaya, con sus vastos campos de lava y sus montañas de fuego, fue un reflejo de este cambio en su perspectiva. Aunque estos paisajes siempre habían sido una parte integral de su obra, en su madurez, Manrique comenzó a verlos no solo como formaciones geológicas, sino también como manifestaciones de la energía y la pasión que bullían en su interior.

Sus pinturas y esculturas de esta época a menudo presentaban formas abstractas inspiradas en la naturaleza, pero con una paleta de colores y una técnica más refinadas. Cada obra era un diálogo, una conversación entre el artista y la isla. Era como si Manrique estuviera intentando descifrar el lenguaje de Lanzarote, un lenguaje que hablaba de resistencia, de transformación y de belleza inmutable.

Sin embargo, esta no fue solo una exploración artística. Era, en muchos aspectos, un viaje espiritual. Manrique buscaba la armonía, no solo en su arte, sino también en su vida. Y en Lanzarote, encontró un reflejo de su propio ser, un espejo que le mostraba que, al igual que la isla, él también estaba en constante evolución, siempre buscando ese equilibrio entre el arte y la naturaleza, entre el ser humano y el mundo que lo rodea.

En este punto de su vida, Manrique no solo capturó la belleza de Lanzarote; la vivió, la respiró y la incorporó en cada trazo y pincelada. A través de su arte, nos invitó a todos a unirnos a él en este diálogo, a escuchar el lenguaje de la naturaleza y a encontrar nuestro propio lugar dentro de esa conversación eterna.

Iconos del Arte Moderno

Al entrar en el pleno esplendor de su madurez artística, César Manrique fue, sin lugar a dudas, un maestro en la creación de obras que se convertirían en emblemas no solo de su carrera, sino también del arte moderno en sí mismo. Estas piezas, nacidas de su profundo amor por Lanzarote y su innegable habilidad para sintetizar influencias tanto clásicas como contemporáneas, se erigieron como pilares del panorama artístico del siglo XX.

Uno de los primeros que merece mención es el "Juguetes del Viento". Estas esculturas móviles, colocadas estratégicamente en diferentes puntos de Lanzarote, son una confluencia de arte y naturaleza. Fabricadas en metal y diseñadas para moverse con el viento, cada una de estas piezas es una danza perpetua con los elementos, reflejando la relación simbiótica de Manrique con su entorno. Al observar estas obras, uno no puede evitar sentir la brisa, oír el murmullo del viento y ser transportado a esos paisajes insulares que tanto inspiraron al artista.

Luego está el "Mirador del Río". Aunque a menudo se le considera una obra arquitectónica, es indudablemente una pieza de arte en sí misma. Situado en el norte de Lanzarote, este mirador ofrece vistas impresionantes del archipiélago Chinijo. Pero más allá de la función, Manrique infundió su esencia en cada curva y rincón, creando un espacio que se fusiona con el entorno, permitiendo al espectador no solo mirar, sino sentir el paisaje.

El "Taro de Tahíche", la casa en la que Manrique vivió durante muchos años, es otra obra maestra. Construida dentro de cinco burbujas volcánicas naturales, esta vivienda se convierte en una metáfora viva de la relación entre el arte, la arquitectura y el entorno natural. Cada habitación, cada pasillo, parece un diálogo continuo entre el pasado volcánico de la isla y el presente artístico de Manrique.

No podemos pasar por alto "El Diablo", el emblemático logotipo que diseñó para el Parque Nacional de Timanfaya. Esta silueta estilizada, con sus cuernos y su cola en rizo, se ha convertido en uno de los símbolos más reconocibles de Lanzarote. A través de este diseño, Manrique logra encapsular la fuerza primordial y casi mística de las montañas de fuego de la isla.

Cada una de estas obras, y muchas otras que podríamos mencionar, son testimonios del genio de Manrique. Pero más allá de su técnica o su innovación, lo que realmente destaca es la emoción que infunde en cada pieza. Ya sea una escultura que baila con el viento o un mirador que abraza el horizonte, hay una humanidad palpable, un deseo de conectar, de dialogar, de amar.

Al revisar estos iconos del arte moderno, se percibe claramente la firma de Manrique: una combinación de respeto por la naturaleza, pasión por la cultura contemporánea y un profundo deseo de comunicar. A través de estas piezas, no solo entendemos mejor a Manrique el artista, sino también a Manrique el ser humano, siempre buscando, siempre explorando, siempre amando. Es un viaje visual que nos invita a todos a mirar, a sentir y, lo más importante, a conectar.

Experimentación y Evolución

Cada artista, en su viaje personal y creativo, llega a un punto donde la innovación y la evolución se convierten en imperativos, no solo para la relevancia, sino también para la autodescubierta. César Manrique, aunque profundamente arraigado en Lanzarote y en las tradiciones que amaba, no fue una excepción a este llamado del arte. A medida que avanzaba en su carrera, el anhelo de trascender y reinventarse se hizo más fuerte, llevándolo a un período de rica experimentación.

En sus primeros días, Manrique mostró una fuerte inclinación hacia la pintura, especialmente con tendencias abstractas. Sin embargo, a medida que maduraba, comenzó a sentir la necesidad de traspasar los límites del lienzo. Esta evolución se manifestó de varias maneras, y su viaje por el mundo del arte se volvió cada vez más multidimensional.

Por ejemplo, uno de los giros más notables en su técnica fue su transición hacia la escultura. Aunque sus primeras forays en este medio eran modestas, rápidamente desarrolló una afinidad por el metal, y particularmente por su interacción con los elementos naturales. Los "Juguetes del Viento" son una clara muestra de esta pasión: esculturas móviles que no solo existen por sí mismas, sino que se entrelazan con el viento y el paisaje, creando un espectáculo hipnótico para el espectador.

Otra área de experimentación fue la incorporación de materiales autóctonos de Lanzarote en su obra. Manrique comenzó a incorporar elementos como la lava y la roca volcánica, no solo como un tributo a su tierra natal, sino también como un medio para explorar texturas y formas. Su vivienda en el "Taro de Tahíche" es un testimonio de esta exploración, fusionando arquitectura y naturaleza en una simbiosis poética.

La evolución no se detuvo ahí. Su pasión por la integración entre el arte y el espacio le llevó a crear intervenciones arquitectónicas únicas. Lugares como el "Mirador del Río" y los "Jameos del Agua" no solo muestran su habilidad como artista, sino también su visión como arquitecto y ambientalista.

En este período de experimentación, también hubo un matiz más introspectivo. Su arte comenzó a reflexionar sobre su relación con el entorno y la efímera naturaleza del ser humano en el vasto cosmos. Las pinturas de este período muestran un juego de colores más atrevido, formas más audaces y una narrativa más profunda.

Mientras navegamos por este período de la vida de Manrique, es vital recordar que, aunque estaba experimentando y evolucionando, nunca perdió de vista su amor por Lanzarote y su deseo de celebrar y proteger su belleza única. Su evolución no fue solo un viaje artístico, sino también un viaje del alma, un intento de comprenderse a sí mismo y al mundo que lo rodeaba.

En última instancia, la experimentación y evolución de Manrique son un recordatorio de que el arte no es estático. Es fluido, cambiante y siempre en movimiento, al igual que la vida misma. Y en este constante cambio, Manrique encontró su verdad, su pasión y su legado.

Diálogo con Gigantes

El mundo del arte es, en su esencia, una vasta red de conexiones, influencias, inspiraciones y diálogos. César Manrique, aunque profundamente conectado con su tierra natal, Lanzarote, también fue una figura trascendental en el panorama artístico internacional del siglo XX. Su capacidad para conectarse con otros artistas contemporáneos fue esencial en su evolución, y estas interacciones se convirtieron en una fuente inagotable de aprendizaje y crecimiento.

Durante su tiempo en Madrid, donde estudió en la Real Academia de Bellas Artes de San Fernando, Manrique tuvo la oportunidad de sumergirse en un efervescente caldero de creatividad. Era una época en la que España estaba experimentando un renacimiento artístico, y Madrid se convirtió en un punto de encuentro para muchos artistas visionarios. En esta atmósfera, Manrique tuvo la oportunidad de cruzar caminos y compartir ideas con artistas que estaban redefiniendo el arte contemporáneo.

Uno de estos encuentros fue con Joan Miró, el pintor, escultor y ceramista catalán. Ambos artistas compartían un amor por la abstracción y por desafiar las convenciones. Aunque sus estilos eran distintos, había un entendimiento mutuo sobre la importancia de la conexión entre el arte y la naturaleza. Se dice que las discusiones entre Miró y Manrique eran apasionadas, y ambos artistas se desafiaban mutuamente a ver el mundo con nuevos ojos.

Pero no fue solo Miró quien dejó una impresión duradera en Manrique. Durante sus viajes y estancias en lugares como Nueva York, entró en contacto con figuras como Pablo Picasso y Alexander Calder. De Calder, particularmente, Manrique aprendió el valor de la movilidad en el arte, algo que luego incorporaría en sus propias esculturas cinéticas, como sus "Juguetes del Viento".

Sin embargo, más allá de la mera admiración y aprendizaje, estas interacciones también le dieron a Manrique una perspectiva única sobre su propio trabajo. Al dialogar con estos "gigantes", pudo reflexionar sobre su lugar en el mundo del arte y cómo podía contribuir de manera única a la narrativa artística global.

Aunque César Manrique siempre se mantuvo fiel a sus raíces y a su amor por Lanzarote, no puede negarse que su visión artística se enriqueció enormemente gracias a estas interacciones. Era como si cada conversación, cada encuentro, añadiera una nueva capa de profundidad y complejidad a su paleta de colores.

Al mirar las obras de Manrique, es posible identificar ecos de estas influencias, pero siempre con un giro distintivamente manriqueño. Su arte se convierte, entonces, en un diálogo no solo entre él y la naturaleza, sino también entre él y los grandes artistas con los que tuvo el privilegio de interactuar.

En definitiva, el viaje artístico de Manrique fue enriquecido por estos diálogos con gigantes, consolidando su posición no solo como un hijo predilecto de Lanzarote, sino también como un actor destacado en la gran obra del arte contemporáneo del siglo XX.

Más Allá del Lienzo

En la vasta tapeza del arte, pocos artistas han logrado trascender las tradicionales barreras del lienzo y transformar el espacio físico en una extensión de su paleta. César Manrique, con su pasión inquebrantable y su visión única, fue uno de esos raros genios que vio más allá de las limitaciones físicas del estudio y llevó su arte al corazón mismo de Lanzarote.

Para comprender realmente la magnitud de esta hazaña, uno debe primero sumergirse en la esencia de Lanzarote: una isla moldeada por violentas erupciones volcánicas, con paisajes que oscilan entre lo austero y lo majestuoso. Es un lugar donde la tierra parece haber sido esculpida por gigantes, con vastas extensiones de lava solidificada y montañas que se elevan como monumentos a la fuerza incontrolable de la naturaleza.

Y fue en este escenario, donde muchos solo veían desolación, donde Manrique vio posibilidad.

No se trataba solo de embellecer un espacio; se trataba de fusionarse con él. Uno de sus proyectos más emblemáticos en este sentido es el "Jameos del Agua". Utilizando un tubo volcánico creado por la erupción del Volcán de la Corona, Manrique diseñó un espacio que combinaba arquitectura y naturaleza de una manera que nunca se había visto antes. Al entrar, los visitantes son recibidos por un lago subterráneo, hogar de una especie única de cangrejo albino, y a medida que avanzan, descubren un auditorio, jardines y piscinas, todo ello integrado armoniosamente con la formación volcánica.

El "Mirador del Río" es otro testimonio de su genialidad. Construido en la cima de un acantilado, este mirador ofrece una vista panorámica del Archipiélago Chinijo. Pero más allá de las vistas, lo que realmente asombra es cómo Manrique incorporó el mirador en el paisaje, utilizando la roca volcánica local y diseñándolo para que se fundiera casi imperceptiblemente con el entorno.

Manrique tenía una habilidad innata para ver el potencial artístico en lo que, para otros, podría parecer común o incluso desfavorable. Su amor por Lanzarote no se limitaba a representarla en pinturas; quería que la isla misma fuese una obra de arte. Y con cada intervención, no solo realzaba la belleza del lugar, sino que también fomentaba un sentido de comunidad y pertenencia entre los habitantes y visitantes.

Más que un pintor o escultor, Manrique fue un visionario. Un artista que entendía que el arte no tiene por qué estar confinado a galerías o museos. Al llevar su visión al espacio público, no solo cambió la percepción de lo que el arte puede ser, sino que también dejó una marca indeleble en el corazón y el alma de Lanzarote.

Al caminar por la isla, uno no puede evitar sentir la presencia de Manrique en cada rincón. Sus obras, integradas en el paisaje, sirven como recordatorios constantes de un hombre que amó profundamente su tierra y que dedicó su vida a embellecerla, a protegerla y a compartirla con el mundo. En este sentido, Manrique no solo dejó obras de arte; dejó un legado vivo que continuará inspirando por generaciones.

El Eco de la Crítica

El arte, en su naturaleza más pura, es una expresión del alma. Sin embargo, una vez que estas expresiones ven la luz del día y se presentan al mundo, se convierten en objeto de interpretaciones, juicios y, a veces, críticas. César Manrique, en su evolución hacia una madurez artística, no estuvo exento de este fenómeno.

La comunidad artística, siempre en busca de lo nuevo y lo revolucionario, observó con curiosidad y asombro cómo Manrique llevaba su arte más allá de los confines tradicionales. Las revistas de arte, galerías y museos en España y más allá comenzaron a prestar atención a este artista canario que estaba redefiniendo las fronteras del arte contemporáneo. Sin embargo, con la atención también vinieron las opiniones.

Algunos críticos vieron sus intervenciones en la naturaleza de Lanzarote como una fusión magistral de arte y medio ambiente. Celebraron su capacidad para realzar y proteger la belleza natural de la isla, y cómo logró introducir el arte en el espacio público de una manera tan armoniosa. Estas críticas positivas resaltaban cómo Manrique estaba llevando el arte contemporáneo en una dirección fresca y revolucionaria, rompiendo las barreras entre el espectador y la obra.

Por otro lado, hubo quienes se mostraron escépticos. Algunos puristas del arte cuestionaron la fusión de naturaleza y arte, preguntándose si estas obras podían clasificarse en las mismas categorías que las pinturas y esculturas tradicionales. Otros sentían que su arte, al estar tan arraigado en la identidad de Lanzarote, podría no tener la universalidad necesaria para resonar en audiencias más amplias.

Manrique, sin embargo, no era ajeno a la crítica. Con su característica sonrisa y una mirada penetrante que reflejaba una confianza inquebrantable en su visión, enfrentó estas críticas con gracia y determinación. No buscaba necesariamente la aprobación universal, sino más bien la autenticidad en su expresión.

Sin embargo, es importante notar que, con el tiempo, muchos de sus críticos iniciales llegaron a apreciar la profundidad y la visión de su obra. Las voces disidentes se fueron acallando a medida que la influencia de Manrique crecía y sus intervenciones en Lanzarote se convirtieron en sitios de interés mundial.

El eco de la crítica, ya sea positiva o negativa, es una parte inevitable de la trayectoria de cualquier artista. Sin embargo, lo que realmente define a un artista es su capacidad para mantenerse fiel a su visión, independientemente del ruido externo. En el caso de Manrique, su legado artístico y su impacto en Lanzarote y en el mundo del arte contemporáneo demuestran que superó, con creces, las expectativas y desafíos que se le presentaron. Su obra, ahora más que nunca, resuena como un testamento a la verdadera expresión artística.

Personalidad y Pincelada

César Manrique nunca fue solo un artista; fue un testimonio viviente de cómo la vida personal, con sus altos y bajos, puede infundir en el arte una resonancia emocional inigualable. Al sumergirnos en sus obras, no solo nos encontramos con Lanzarote y su pasión por la naturaleza, sino también con el alma misma de Manrique, en cada trazo, color y textura.

Nacido en el seno de una familia modesta en Arrecife, la capital de Lanzarote, Manrique llevó consigo los recuerdos de su niñez durante toda su vida. El juego en las playas volcánicas, las fiestas tradicionales, los relatos familiares al anochecer... Todos estos momentos conformaron no solo su carácter, sino también su paleta de colores. Esa luminosidad, frescura y alegría de su infancia se reflejaban en sus vibrantes composiciones.

Sin embargo, su vida no estuvo exenta de sombras. Sus años en Madrid, lejos de su amada isla, y su experiencia en la guerra civil española, añadieron profundidad y complejidad a su obra. La soledad, la nostalgia y la brutalidad de la guerra encontraron su camino en su arte, no necesariamente como imágenes literales, sino más bien como emociones y atmósferas. La habilidad de Manrique para equilibrar la luz y la oscuridad en su obra es un testimonio de su profunda introspección y autoconciencia.

También es importante considerar su orientación sexual. En una época en que ser abiertamente gay en España podía tener serias repercusiones, Manrique encontró en el arte un refugio y una forma de expresión. Si bien no necesariamente abordó su sexualidad de manera explícita en su trabajo, hay una sensibilidad, un sentido de búsqueda y un deseo de autenticidad en su obra que bien podría haber sido alimentado por sus experiencias personales.

Y, por supuesto, no podemos olvidar sus relaciones personales. Los amores, amistades y mentores que cruzaron su camino enriquecieron su perspectiva y se reflejaron en su arte. Cada interacción, cada conversación y cada despedida dejaron una marca en su lienzo.

Lo que hace que la obra de Manrique sea tan conmovedora no es solo su técnica impecable o su visión innovadora, sino la sinceridad con la que plasmó su vida en ella. Al mirar sus pinturas, esculturas y espacios arquitectónicos, nos encontramos no solo con el artista, sino con el hombre. Un hombre que amó, sufrió, soñó y, sobre todo, vivió con una pasión inquebrantable.

César Manrique no solo nos dejó obras maestras; nos dejó fragmentos de su alma. Y es esta humanidad, esta vulnerabilidad y sinceridad, lo que nos hace, como espectadores, sentir una conexión profunda y duradera con él y su legado. La personalidad y la pincelada, inseparables, continúan hablando, incluso años después de su partida, de un corazón que amó intensamente y de un espíritu que nunca dejó de buscar la belleza en todo lo que le rodeaba.

Legado en Progreso

Aún en las etapas más intensas de su madurez artística, la presencia de César Manrique en el mundo del arte no era simplemente la de un creador, sino la de un visionario cuyas obras ya estaban dejando una huella profunda. Si bien muchos artistas buscan innovación y originalidad, la conexión genuina de Manrique con su tierra natal, Lanzarote, y su habilidad para fusionar arte y naturaleza en una simbiosis armoniosa, ya estaban demostrando ser revolucionarias.

Desde sus primeros días en la escena artística, Manrique demostró ser alguien especial. Su regreso a Lanzarote en la década de 1960, después de un fructífero período en Nueva York, marcó un giro fundamental en su carrera. La isla no solo le ofreció un refugio del bullicio y la vorágine de la gran ciudad, sino que también le brindó un lienzo inmaculado, una tierra de contrastes y belleza cruda esperando ser interpretada.

Pero lo que realmente distingue a Manrique es su perspectiva holística del arte. No se contentó con simplemente representar la belleza de Lanzarote; aspiró a mejorarla, a integrarla en su obra y, en muchos aspectos, a protegerla. Sus intervenciones en la isla, como el Mirador del Río, Jameos del Agua y el Jardín de Cactus, son testimonio de su deseo de que el arte y el entorno coexistan, cada uno realzando la belleza del otro.

Esta profunda conexión con la naturaleza y el entorno, sumada a su capacidad para integrar arte y arquitectura, llevó a Manrique a convertirse en un defensor apasionado de la conservación del paisaje de Lanzarote. Luchó contra el desarrollo desenfrenado y abogó por un crecimiento sostenible que respetara la esencia y el carácter únicos de la isla. Esta combinación de artista y activista es una faceta rara y valiosa que coloca a Manrique en una posición única en la historia del arte contemporáneo.

En términos de técnica y estilo, su madurez trajo consigo una mezcla de tradición y modernidad. Mientras que sus pinturas y murales capturan el espíritu y el color de Lanzarote, también incorporan influencias de sus viajes y experiencias internacionales, fusionando el arte abstracto con elementos naturales y tradicionales.

Sin embargo, más allá de las obras específicas y las intervenciones en la isla, lo que realmente comenzó a cimentar el legado de Manrique fue su influencia. Inspiró a una nueva generación de artistas a ver más allá del lienzo tradicional, a abrazar su entorno y a desafiar las nociones convencionales de lo que el arte puede y debe ser.

Aunque todavía en la plenitud de su carrera, estaba claro que César Manrique no era simplemente un artista pasajero. Estaba sentando las bases de un legado que perduraría, una influencia que iría más allá de las galerías y museos, y que se arraigaría en el mismo corazón de Lanzarote y, de hecho, en el panorama artístico mundial. Su historia aún no había concluido, pero ya estaba claro que su legado sería, y sigue siendo, un regalo duradero para el mundo del arte y la cultura.

Un Maestro en Pleno Apogeo

Los artistas, a menudo, son juzgados no solo por la belleza o complejidad de su obra, sino por su capacidad para capturar, reflejar y, en ocasiones, anticipar los matices de su tiempo. César Manrique, con su profundo amor por Lanzarote y su compromiso con un arte que trascendiera las convenciones, se elevó durante su madurez artística para convertirse en una voz distintiva que resonó no solo en los confines de su isla natal, sino también en el escenario artístico mundial.

En esta etapa de su vida, Manrique no solo mostró su destreza como pintor y escultor, sino también su habilidad para fusionar diferentes medios y disciplinas. A través de su arte, evocó la rica tapeza del paisaje volcánico de

Lanzarote, con su paleta de colores contrastantes y su interacción de luz y sombra. Pero lo que realmente destacó fue su capacidad para ver más allá del arte como una mera representación. Para Manrique, el arte era un diálogo, un intercambio entre el creador, la comunidad y la naturaleza misma.

La madurez, en muchos sentidos, es un período de reflexión y consolidación. Pero para Manrique, fue también un período de profunda innovación. Rompió las barreras entre la arquitectura y la naturaleza, entre el arte abstracto y el realismo, creando espacios y obras que invitaban a la contemplación y al asombro.

Este viaje artístico, sin embargo, no estuvo exento de desafíos. Tuvo que navegar por las aguas a menudo turbulentas de la crítica, balanceando su visión personal con las expectativas del público y de la comunidad artística. Pero lo que emerge es una figura resiliente, un artista que se mantuvo fiel a sí mismo y a su amor por Lanzarote, incluso cuando se aventuró en nuevos y audaces territorios expresivos.

Al reflexionar sobre esta fase de su carrera, es evidente que Manrique no solo estaba dejando su huella en el mundo del arte, sino que también estaba construyendo un puente hacia el futuro. Un futuro en el que su visión de un arte integrado con la naturaleza y la comunidad se convertiría en una inspiración para muchos.

César Manrique, en su apogeo, no solo reflejó la belleza de su entorno, sino que también iluminó el camino para las generaciones futuras, mostrando cómo el arte puede ser a la vez personal y universal, íntimo y trascendental. Y mientras nos preparamos para explorar las próximas etapas de su vida y obra, es esencial reconocer y celebrar este período de madurez, donde un maestro en pleno apogeo sentó las bases para las maravillas que, sin duda, estaban por surgir.

Inicios Naturales

Desde sus primeras pinceladas, el lienzo de César Manrique ya llevaba impregnados los matices de Lanzarote, su tierra natal. Esta isla, surgida del fuego de volcanes y moldeada por vientos atlánticos, no solo dio origen al artista, sino que también cimentó las bases de su visión y sensibilidad artísticas.

Es imposible pensar en Manrique sin evocar las dramáticas formaciones volcánicas, las playas de arena negra y los campos de lava petrificada que definen la geografía de Lanzarote. Creció en un lugar donde la naturaleza no es una mera espectadora, sino una fuerza palpable y omnipresente. Las tierras áridas, los cielos inmensamente azules y el rumor constante del océano influyeron en el joven César mucho antes de que él tomara conciencia de ello.

Desde su infancia, los espacios abiertos y la vastedad del paisaje insular despertaron en Manrique una curiosidad insaciable y una profunda admiración. Paseando por los campos de su amado Lanzarote, podía sentir la historia geológica bajo sus pies, una crónica de erupciones y renacimiento. Estos paseos solitarios, estos momentos de contemplación, sembraron las primeras semillas de una filosofía que guiaría su arte: la idea de que la naturaleza y la creatividad humana no solo pueden coexistir, sino potenciarse mutuamente.

Es necesario entender que, para Manrique, Lanzarote no era simplemente un lugar en el mapa o un pintoresco paisaje a utilizar como fondo en sus obras. Era un compañero de vida, un interlocutor en un diálogo constante. A través de sus obras, este diálogo se manifestaría de formas sorprendentes y profundamente emotivas, creando un vínculo que pocos artistas logran alcanzar con su entorno.

Al evocar estas memorias iniciales, es imposible no sentir una profunda empatía hacia un joven Manrique, cuya alma resonaba con cada susurro del viento y cada ola que rompía en la orilla. Estaba claro que Lanzarote no solo era su hogar, sino su musa eterna, y esta relación recíproca se convertiría en la piedra angular de su viaje artístico. Con cada trazo, cada escultura, cada intervención arquitectónica, Manrique no solo celebraba su tierra, sino que también nos invitaba a todos a verla a través de sus ojos, a sentir su pasión y a reconocer la magia de la integración perfecta entre arte y naturaleza.

La Naturaleza como Lienzo

Al pensar en los grandes artistas de la historia, muchos tienen la capacidad de transportar a su audiencia a lugares y tiempos distintos a través de sus obras. Sin embargo, pocos han logrado hacerlo de la manera en que César Manrique lo hizo. No solo nos llevó a Lanzarote; él llevó Lanzarote a su arte, transformando su paisaje en una extensión de su lienzo.

Al observar el paisaje volcánico de Lanzarote, uno podría ver desolación, una tierra esculpida por la furia y luego abandonada al silencio. Pero Manrique vio más allá. Para él, cada rincón de esa geografía accidentada contaba una historia, cada silueta rocosa escondía un potencial artístico. En lugar de ver obstáculos o limitaciones, vio oportunidades. Las formaciones rocosas, los túneles de lava y los cráteres no eran solo paisajes; eran paletas de colores y texturas esperando ser exploradas.

Con el paso del tiempo, su visión de Lanzarote se volvió más compleja y matizada. Empezó a comprender que el arte y la naturaleza no eran entidades separadas, sino facetas de un todo más grande. Y, en un acto revolucionario, decidió no imponer su arte sobre la naturaleza, sino permitir que la naturaleza informara y formara parte de su arte. No se trataba de dominar el paisaje, sino de colaborar con él.

Manrique experimentó, empujando los límites tradicionales del arte. No se contentó con pintar el paisaje; quiso hacerlo parte de su obra. Comenzó a utilizar los espacios naturales de Lanzarote, integrando sus esculturas y estructuras arquitectónicas en el terreno, creando una simbiosis que hacía que uno se preguntara dónde terminaba la naturaleza y comenzaba el arte.

Esto se evidencia particularmente en cómo utilizó la singular topografía volcánica de la isla. Donde otros veían vacíos, él veía posibilidades: cavidades y cámaras subterráneas convertidas en espacios de exhibición, vistas panorámicas que servían como telones de fondo para sus instalaciones. Para Manrique, cada grieta, cada curva del terreno tenía un propósito, y era su tarea descubrirlo y resaltarlo.

El coraje y la audacia de Manrique son palpables. En un mundo donde el arte a menudo se encierra en galerías, él lo liberó, permitiéndole respirar, expandirse y fusionarse con la naturaleza. En este proceso, nos enseñó a ver no solo su visión de Lanzarote, sino a apreciar la belleza cruda y majestuosa de la tierra en sí misma.

La emoción que transmite al llevar a cabo este diálogo entre arte y naturaleza es contagiosa. Uno no puede evitar sentir una profunda conexión con Manrique, compartiendo su asombro y maravilla mientras se embarca en este viaje de descubrimiento artístico. A través de sus ojos, Lanzarote no era solo un lugar; era una obra de arte en sí misma, esperando ser revelada. Y en su talento, encontramos un recordatorio del poder transformador del arte y de nuestra relación eterna y profunda con el mundo que nos rodea.

Los Jameos del Agua: Armonía Subterránea

A medida que uno se adentra en los Jameos del Agua, la sensación es de estar entrando en otro mundo, un lugar donde las reglas habituales de la arquitectura y el diseño parecen haber sido reescritas. Es un testimonio de la visión de César Manrique, quien vio más allá de la aparente oscuridad y desolación de un tubo volcánico para crear una de las joyas más impresionantes de Lanzarote.

Los Jameos del Agua, con su origen en la erupción del Volcán de la Corona hace más de 4.000 años, forman parte de un extenso túnel volcánico que se extiende bajo tierra. Aquí, donde muchos podrían haber visto simplemente un espacio vacío y oscuro, Manrique vislumbró potencial. No solo eso, sino que percibió una oportunidad para demostrar cómo el arte y la naturaleza podrían fusionarse en una simbiosis perfecta.

Comenzando por la entrada, Manrique aprovechó las características naturales del tubo volcánico para diseñar una serie de escaleras serpenteantes que conducen al visitante hacia abajo, como invitándolo a un viaje al centro de la tierra. Con cada paso, se siente una sensación creciente de asombro, una expectativa de lo que vendrá a continuación.

Al llegar al fondo, uno se encuentra con un lago natural de aguas cristalinas, habitado por pequeños cangrejos albinos, únicos en el mundo. El reflejo del techo rocoso en el agua añade una dimensión mística al espacio. Manrique, con su tacto sutil y respetuoso, acentuó este entorno mágico con su elección de iluminación y la incorporación de plantas endémicas, creando un jardín subterráneo en el que cada elemento juega su parte en un ballet visual.

Pero lo que realmente destaca es la audacia con la que Manrique integró estructuras construidas, como el auditorio y la piscina, sin perturbar la integridad del espacio natural. El auditorio, en particular, es una hazaña de diseño, aprovechando la acústica natural del tubo volcánico para ofrecer una experiencia sonora inigualable.

Reflexionando sobre Los Jameos del Agua, no se trata solo de la estética o la innovación arquitectónica. Es una declaración de amor y respeto por Lanzarote y su entorno único. En cada piedra, en cada reflejo, en cada sombra, se siente la pasión de Manrique. A través de este proyecto, comunicó una filosofía profunda: que el arte no debe dominar o imponerse a la naturaleza, sino coexistir y realzarla.

Para aquellos que tienen el privilegio de visitar este lugar, Los Jameos del Agua no es simplemente un destino turístico, sino un lugar de reflexión, una oportunidad para conectarse con la tierra y, a través de la visión de Manrique, con la infinita capacidad del ser humano para crear belleza a partir de lo natural. Es una experiencia que queda grabada en el alma, un recordatorio de la majestuosidad del mundo que nos rodea y de la responsabilidad que tenemos de protegerlo y celebrarlo.

Mirador del Río: Ventana al Infinito

Si Los Jameos del Agua es un viaje al corazón de la tierra, el Mirador del Río es, sin duda, un ascenso al cielo. Situado en el Risco de Famara, en el norte de Lanzarote, esta obra maestra arquitectónica de Manrique ofrece una panorámica sin igual, un abrazo visual al océano y a la isla de La Graciosa. Pero más allá de la vista, es el diseño y la filosofía detrás de este lugar lo que verdaderamente encanta y deja una impresión duradera en el alma.

Desde lejos, uno podría pasar por alto fácilmente el Mirador del Río. Esto no es accidental. Manrique, con su profundo respeto y amor por Lanzarote, diseñó el espacio para que se fundiera perfectamente con el entorno. A primera vista, parece simplemente un acantilado más, con sus tonalidades marrones y ocres. Sin embargo, al acercarse, las líneas y formas artificiales comienzan a revelarse, demostrando la habilidad de Manrique para trabajar en simbiosis con la naturaleza, y no en oposición a ella.

La entrada al Mirador es una invitación a descubrir. Una vez dentro, el espacio se despliega en múltiples niveles, con pasarelas y balcones que ofrecen diferentes perspectivas del paisaje circundante. Pero es la gran ventana, ese inmenso marco de cristal, lo que realmente captura el corazón. Aquí, uno se siente suspendido entre el cielo y el mar, con el horizonte extendiéndose infinitamente. La isla de La Graciosa se presenta majestuosa, casi al alcance de la mano.

No es solo un mirador en el sentido tradicional. Es un espacio meditativo, un lugar de reflexión. Manrique, en su sabiduría, entendió que la belleza de Lanzarote no solo reside en lo que se puede ver, sino en cómo se siente. El Mirador del Río evoca esa sensación de asombro, de insignificancia ante la inmensidad del mundo y, al mismo tiempo, de conexión profunda con él.

Al caminar por sus pasillos y terrazas, se siente la presencia de Manrique en cada detalle. Desde la elección de materiales, todos locales, hasta la forma en que la luz natural se filtra en el interior, hay un mensaje claro: el arte y la naturaleza no solo pueden coexistir, sino que pueden realzarse mutuamente.

El Mirador del Río no es simplemente un punto de observación. Es un testimonio del genio de Manrique y de su amor inquebrantable por Lanzarote. Es un recordatorio de que, cuando trabajamos con la naturaleza y no contra ella, somos capaces de crear maravillas que trascienden el tiempo. Es, en esencia, una celebración de la vida, del mundo y de nuestra capacidad para ver más allá de lo evidente y encontrar belleza en cada rincón.

Filosofía de Integración: En Armonía con la Tierra

César Manrique no era simplemente un artista; era un visionario. Su percepción del mundo, moldeada por el paisaje único y austero de Lanzarote, lo llevó a abrazar una filosofía que, en ese momento, era revolucionaria en el mundo del arte y el diseño. En una época donde la modernización y la industrialización amenazaban con barrer todo a su paso, Manrique proponía algo radicalmente diferente: la integración de arte y naturaleza.

Pero, ¿qué significa realmente "integrar"? Para muchos, podría ser simplemente una cuestión de diseño, una mezcla estética de elementos. Para Manrique, sin embargo, era algo mucho más profundo. Era una simbiosis, un diálogo respetuoso y constante entre el artista y el paisaje. Se trataba de escuchar a la tierra, entender sus formas, sus colores, sus ritmos, y responder a ellos de manera creativa. No se trataba de imponer, sino de fluir con el entorno.

En el corazón de esta filosofía yacía un profundo amor y respeto por Lanzarote. Manrique veía en su tierra natal no solo un museo natural de formas volcánicas y playas doradas, sino también una fuente inagotable de inspiración y sabiduría. La isla, con su historia geológica y sus ecosistemas frágiles, le enseñó la importancia de la sostenibilidad mucho antes de que el término se convirtiera en una palabra de moda global.

Esta percepción resonó fuertemente en una era que comenzaba a reconocer el impacto del hombre en el planeta. La década de 1970, marcada por el auge del movimiento ambientalista, vio surgir una creciente conciencia sobre la necesidad de proteger y preservar la naturaleza. Manrique, con su enfoque integrador, emergió como una voz pionera, mostrando a través de su obra cómo es posible vivir y crear en armonía con el medio ambiente.

Pero más allá de la ecología y el diseño, la filosofía de integración de Manrique también abordó cuestiones más esenciales sobre la condición humana. En un mundo cada vez más despersonalizado y mecanizado, sus obras buscaban reconectar al ser humano con su esencia, con el cosmos, con el pulso vital de la tierra. Era una invitación a sentir, a reflexionar, a ser parte de algo más grande.

En el fondo, Manrique nos recordaba que, antes de ser artistas, arquitectos o diseñadores, somos seres humanos, hijos de la tierra. Su legado nos invita a mirar el mundo con asombro y gratitud, a encontrar belleza en lo simple y a recordar que, en última instancia, todos somos parte de la gran obra maestra que es la naturaleza.

En un mundo en constante cambio, donde los desafíos ambientales y sociales requieren soluciones innovadoras, la filosofía de integración de César Manrique sigue siendo no solo relevante, sino esencial. Es un llamado a la acción, un recordatorio de que, juntos, podemos construir un mundo más sostenible, más bello y más humano. Es un legado que, sin duda, continuará inspirando a generaciones futuras.

Arte Sostenible:
La Danza Delicada entre Creación y Conservación

Si hubiera una palabra que encarnara la esencia de César Manrique, podría ser "armonía". Su habilidad para entrelazar la naturaleza y el arte de manera respetuosa y equilibrada no solo lo estableció como un visionario, sino también como un precursor en el mundo del arte sostenible. En una era en la que la humanidad estaba comenzando a comprender las consecuencias de sus acciones sobre el planeta, Manrique ya estaba varios pasos adelante, proponiendo un enfoque que no solo celebraba la belleza de la naturaleza, sino que buscaba protegerla.

La sostenibilidad en el arte y la arquitectura no es simplemente una cuestión de utilizar materiales ecológicos o de reducir la huella de carbono. Se trata de un compromiso profundo con el entorno, una filosofía que reconoce la interdependencia entre el ser humano y la naturaleza. Y en este sentido, Manrique fue un maestro.

Desde sus primeros días como artista, fue evidente que su amor por Lanzarote iba más allá de la mera apreciación estética. La isla, con su paisaje lunar y sus formaciones volcánicas, era el escenario perfecto para que Manrique experimentara. Sin embargo, en lugar de simplemente usar la isla como un telón de fondo, la hizo protagonista de su obra.

Cada proyecto que emprendió en Lanzarote tenía en su núcleo la intención de realzar la belleza natural sin perjudicarla. Los Jameos del Agua, por ejemplo, transformaron un tubo volcánico en un espacio arquitectónico, pero en lugar de alterar drásticamente el entorno, Manrique trabajó con él. Incorporó elementos naturales, como la piscina natural y la cueva, y agregó toques humanos que complementaban, en lugar de competir, con la majestuosidad del lugar.

Este enfoque holístico no se limitó solo a sus grandes proyectos. Su casa en Tahíche, construida dentro de cinco burbujas volcánicas, es un testimonio de cómo la vivienda puede integrarse perfectamente con el entorno, causando un impacto mínimo y, al mismo tiempo, ofreciendo una experiencia estética y funcional única.

Pero Manrique no solo se contentó con crear obras sostenibles. También fue un ferviente defensor de la protección del medio ambiente en Lanzarote. Luchó contra proyectos de desarrollo que amenazaban la integridad de la isla y promovió la idea de que el turismo y la conservación podían coexistir en armonía.

Este enfoque, que puede parecer de sentido común hoy en día, fue revolucionario en su momento. Manrique demostró que el arte no tiene por qué ser una entidad separada de la naturaleza o la sostenibilidad. De hecho, cuando se combinan, pueden surgir obras de una belleza y significado inigualables.

Al observar la obra de César Manrique, es imposible no sentir una profunda conexión con la tierra. Es un recordatorio constante de que, como seres humanos, somos tanto creadores como custodios. Y en esta dualidad reside nuestra mayor responsabilidad y, quizás, nuestro mayor potencial para la belleza. Es un legado que, en el corazón de quienes lo conocen, resuena como un eco constante, un llamado a vivir y crear en armonía con el mundo que nos rodea.

La Simbiosis del Arte:

Técnicas y Materiales en Perfecta Armonía

César Manrique, al contemplar la vasta paleta de colores y texturas que le ofrecía Lanzarote, se enfrentó a un desafío fascinante: ¿cómo fusionar la creatividad humana con la majestuosidad de la naturaleza sin que una eclipse a la otra? La respuesta radicaba en su profundo respeto por el entorno y en su habilidad para seleccionar técnicas y materiales que potenciaban, en lugar de eclipsar, la belleza intrínseca de la isla.

Manrique era un maestro en el uso de materiales naturales. La piedra volcánica, la madera autóctona, y las arenas de distintos tonos eran algunos de sus favoritos. Su elección no era meramente estética; al utilizar materiales locales, garantizaba que sus creaciones se integraran sin esfuerzo en el paisaje, respetando la paleta de colores y texturas de la isla.

Por ejemplo, en su casa en Tahíche, utilizó la roca volcánica como parte esencial de la estructura. Estas "burbujas" volcánicas, con sus formas redondeadas y texturas rugosas, se convirtieron en estancias habitables, fusionando de manera casi mágica el arte y la geología. En lugar de alterar o manipular en exceso estos espacios, Manrique optó por dejar que hablaran por sí mismos, añadiendo solamente detalles sutiles que subrayaran su belleza natural.

Sus técnicas de construcción también eran revolucionarias para la época. En lugar de imponer su visión, permitía que el entorno le guiara. Esta escucha activa, este diálogo constante con la naturaleza, se traducía en un proceso creativo orgánico. Manrique adoptaba un enfoque de "menos es más", eliminando todo lo superfluo y dejando solo lo esencial, lo que realmente resaltaba y complementaba el entorno.

A pesar de su profundo amor por Lanzarote, Manrique también se inspiró en técnicas arquitectónicas y artísticas de otras culturas. Viajó, estudió y absorbió la esencia de distintas tradiciones, fusionándolas con su estilo personal. Pero incluso en estos momentos de experimentación, siempre regresaba a su filosofía central: la naturaleza es el lienzo más grande y cualquier intervención humana debe realzarla, no restarle valor.

César Manrique nos enseña, a través de sus obras, una lección invaluable sobre la coexistencia. Su habilidad para trabajar mano a mano con la naturaleza, respetando sus límites y celebrando su grandeza, es un recordatorio de la relación simbiótica que todos deberíamos aspirar a tener con nuestro entorno. En cada piedra colocada, en cada trazo de pintura, Manrique nos habla de un amor profundo y sincero por Lanzarote y por la tierra en general, invitándonos a ver el mundo a través de sus ojos llenos de asombro y respeto.

Recepción y Reconocimiento: Visionario o Radical en la Encrucijada de la Naturaleza y el Arte

En un mundo artístico en constante evolución, donde la interpretación de la belleza y el significado está siempre en flujo, César Manrique emergió como una figura distintiva, llevando el diálogo entre el arte y la naturaleza a niveles inexplorados. Sin embargo, como suele suceder con aquellos que rompen moldes, la respuesta inicial a su enfoque no fue unánime.

Manrique, con su innegable talento y visión, propuso un paradigma donde el arte no solo se inspiraba en la naturaleza, sino que se entrelazaba con ella, respetando su esencia y valor intrínseco. Sus obras, especialmente en Lanzarote, son testamento de esta simbiosis. Pero, ¿cómo recibió el mundo del arte este audaz enfoque?

En las esferas artísticas tradicionales, hubo quienes inicialmente lo tildaron de radical. Para algunos críticos y puristas, el arte debía mantener cierta distancia de su inspiración, siendo una interpretación y no una integración. Sentían que Manrique, al fusionar tan estrechamente arte y naturaleza, podría estar diluyendo la esencia del primero.

Sin embargo, había un número creciente de voces en la comunidad artística que veían a Manrique como un verdadero visionario. Reconocían que su enfoque no era simplemente una fusión superficial de arte y naturaleza, sino un profundo entendimiento de cómo ambos podían coexistir y enriquecerse mutuamente. Artistas, arquitectos y diseñadores de todo el mundo viajaban a Lanzarote, atraídos por sus innovadoras creaciones y buscando inspiración en su filosofía.

El público general, por otro lado, se sintió inmediatamente cautivado por su trabajo. Para muchos, las obras de Manrique no solo eran estéticamente impresionantes, sino que también evocaban un sentido de conexión con el entorno, algo que muchos anhelaban en una era de creciente urbanización y desconexión de la naturaleza. Sus creaciones, como los Jameos del Agua o el Mirador del Río, se convirtieron rápidamente en puntos de referencia, atrayendo a visitantes de todo el mundo.

Con el tiempo, y con la creciente conciencia sobre la importancia de la sostenibilidad y la conservación, la visión de Manrique fue ganando aún más relevancia. Fue aclamado no solo como un artista, sino también como un pionero en el arte sostenible y ecológico. Las instituciones, museos y galerías empezaron a reconocer y celebrar su contribución única al mundo del arte.

En retrospectiva, César Manrique fue ambas cosas: un radical y un visionario. Radical en su rechazo a las convenciones y en su audacia para redefinir los límites del arte, y visionario en su capacidad para anticipar una era en la que la integración y el respeto mutuo entre el ser humano y la naturaleza se convertirían en imperativos.

Su legado es un recordatorio de que el arte, en sus formas más profundas y auténticas, tiene el poder de conectarnos no solo con nuestra propia humanidad, sino con el mundo natural que nos rodea. En la obra de Manrique, encontramos la invitación constante a mirar, a apreciar y, sobre todo, a coexistir.

El Legado de la Integración: De Lanzarote al Mundo

César Manrique, con su profunda convicción y pasión por fusionar el arte con el paisaje natural, dejó una huella indeleble no solo en Lanzarote sino en el panorama artístico mundial. A medida que las generaciones avanzan, es crucial reconocer cómo la filosofía de este maestro canario ha influido y sigue inspirando a innumerables artistas y arquitectos alrededor del globo.

Desde sus primeras incursiones en el arte que abrazaba la naturaleza, Manrique estableció un estándar. Los espacios que creó, que palpitan con una vida y energía propias, no solo destacan por su estética, sino por su respeto y sensibilidad hacia el medio ambiente. Y, de esta forma, estableció una corriente de pensamiento que muchos han buscado emular.

Artistas contemporáneos, especialmente aquellos enfocados en instalaciones de land art o arte ambiental, han encontrado en Manrique un precursor. Su enfoque intuitivo, que veía el paisaje no como un telón de fondo, sino como un socio activo en la creación artística, resuena con artistas como Andy Goldsworthy, cuyas efímeras esculturas naturales reflejan esa misma armonía entre el arte y su entorno.

En la arquitectura, la influencia de Manrique es palpable en proyectos que buscan una cohesión con la naturaleza. El movimiento de la arquitectura orgánica, popularizado por figuras como Frank Lloyd Wright, encuentra paralelismos en la obra de Manrique. Ambos buscan que sus creaciones fluyan con el paisaje, utilizando materiales locales y considerando el impacto ambiental en cada decisión. Este enfoque ha cobrado mayor relevancia en tiempos recientes, con arquitectos de todo el mundo buscando soluciones sostenibles y conscientes del medio ambiente.

Además, la ética de Manrique respecto a la sostenibilidad y la conservación ha influenciado a una nueva generación de diseñadores y urbanistas. En un mundo que enfrenta retos ecológicos sin precedentes, la visión de Manrique de crear sin destruir, de realzar sin dominar, se ha convertido en un mantra para muchos.

Por supuesto, Lanzarote sigue siendo el principal testimonio de su legado. Cada rincón de la isla que ha sido tocado por su mano se ha convertido en un aula abierta para estudiantes de arte, arquitectura y diseño. Las excursiones académicas a sus monumentos, sus casas y sus jardines se han vuelto una especie de peregrinaje para aquellos que desean comprender y sentir de primera mano su filosofía.

En conclusión, César Manrique, más que un artista, fue un visionario cuyo amor por Lanzarote y por la naturaleza en general ha dejado un legado que trasciende fronteras y disciplinas. Su influencia, como las olas del Atlántico que bañan su amada isla, sigue extendiéndose, tocando y enriqueciendo a generaciones futuras con la sencilla pero poderosa idea de que el arte y la naturaleza, juntos, pueden crear maravillas.

Un Homenaje a la Isla:

Lanzarote a través de los Ojos de Manrique

César Manrique, hijo predilecto de Lanzarote, vivió y respiró cada centímetro de su tierra natal. A través de sus ojos, la isla no era simplemente un conjunto de paisajes; era un lienzo vivo, un diálogo constante entre la tierra y el mar, entre el viento y la roca volcánica. Manrique no solo vio esta belleza, sino que la sintió en lo más profundo de su ser, y su vida se convirtió en un homenaje perpetuo a este rincón del Atlántico.

Más allá de la estética, el maestro canario comprendió la fragilidad y singularidad de Lanzarote. En una época en que el turismo de masas amenazaba con transformar y, en algunos casos, despojar a las islas de su esencia, Manrique se alzó como un defensor incansable de su tierra. Su legado no solo yace en las obras que esparció por la isla, sino en la conciencia que infundió en sus habitantes y en cada visitante afortunado de pisar este suelo.

Su amor por Lanzarote fue tan inmenso que, en lugar de simplemente pintarla o esculpirla, decidió dialogar con ella. Cada obra, desde los Jameos del Agua hasta el Mirador del Río, no es solo un tributo a la isla, sino una colaboración con ella. Al preservar su belleza, Manrique también creó una sinfonía entre el arte y la naturaleza, donde cada pieza resalta las melodías del paisaje isleño.

Y, quizás, ese sea el regalo más grande que nos ha dejado: la capacidad de ver Lanzarote a través de una lente artística y respetuosa. Cada cala, cada montaña, y cada grano de arena lleva consigo el eco de su pasión. Los locales, conscientes de esta herencia, han adoptado su visión, convirtiéndose en guardianes de la isla. Y los visitantes, al presenciar la confluencia del arte y la naturaleza, se sienten invitados a un recorrido de asombro y reflexión.

Al cerrar este capítulo, es imposible no sentir un profundo agradecimiento hacia Manrique. No solo por su talento y visión, sino por recordarnos la importancia de amar y cuidar el lugar que llamamos hogar. Lanzarote, con sus misterios y encantos, sigue siendo un testamento viviente del amor de un artista por su tierra. Y mientras el viento canario susurra entre los cactus y las olas acarician la orilla, el espíritu de Manrique vive, guiándonos en un eterno baile entre el arte y la isla que tanto amó.

Defensor de Lanzarote

Retorno al Origen

César Manrique, tras varios años viviendo fuera de Lanzarote, decidió que era hora de regresar. Aunque había viajado por el mundo, había absorbido la influencia de diversas culturas y había estado rodeado por el ritmo frenético de las metrópolis, nada podía reemplazar el llamado de su tierra natal. Las grandes ciudades habían ofrecido mucho a este brillante artista; oportunidades, conexiones y una amplia paleta de inspiración. Sin embargo, el alma anhelante de Manrique buscaba algo más, algo que sólo Lanzarote podía ofrecer.

Al poner un pie en la isla, un torrente de emociones invadió a Manrique. La familiaridad del aire salino, el murmullo del viento moviendo las palmas y el reconfortante calor del sol, todo parecía saludarlo como un hijo pródigo que finalmente regresa a casa. Cada piedra, cada grano de arena, cada curva del paisaje volcánico parecía contar una historia que él conocía íntimamente.

Aquellos primeros momentos de reencuentro con Lanzarote fueron como reencontrarse con un viejo amigo. Aunque los dos habían cambiado con el tiempo, la esencia permanecía intacta. Los recuerdos de su infancia, los juegos bajo el sol abrasador, las tardes pasadas admirando el horizonte mientras soñaba despierto, todo volvía a él con una claridad impresionante.

Era evidente que, aunque Manrique había evolucionado y crecido como artista durante sus años en el extranjero, la esencia de Lanzarote seguía latente en él. Había algo en la isla, en su energía y en su espíritu, que resonaba profundamente con su ser. Y así, con el corazón abierto y lleno de nostalgia, Manrique volvía a abrazar la tierra que lo vio nacer, dispuesto a ofrecerle todo su talento y pasión.

El amor de un hijo por su tierra es poderoso, pero el de Manrique por Lanzarote era especial. Era un amor forjado no solo en la memoria y la nostalgia, sino también en la admiración por su belleza y en la preocupación por su futuro. Este retorno no era simplemente un acto de reencuentro, sino un compromiso renovado, un deseo profundo de proteger y celebrar Lanzarote en todo su esplendor.

El inicio de este capítulo evoca un sentimiento profundo de conexión, de pertenencia. A través de los ojos de Manrique, los lectores pueden sentir el latido del corazón de Lanzarote, y entender por qué este artista estaba tan decidido a ser su defensor.

Un Paraíso en Riesgo

La década de los 60 y 70 fue testigo de un fenómeno que cambiaría a Lanzarote para siempre: el auge del turismo. A medida que Europa y otras partes del mundo empezaron a prosperar después de las décadas anteriores, la búsqueda de destinos exóticos y paradisíacos llevó a muchos viajeros a las costas de las Islas Canarias. Lanzarote, con su paisaje lunar, sus playas doradas y su cultura rica, no tardó en captar la atención del mundo.

Los primeros turistas que llegaron a la isla quedaron encantados con su belleza virgen. La combinación del clima cálido, las aguas cristalinas y la hospitalidad de los lugareños creó una experiencia única que muchos deseaban repetir. Pronto, la noticia de este rincón paradisíaco se extendió como la pólvora y, en poco tiempo, Lanzarote vio cómo sus tranquilas aldeas y paisajes solitarios se transformaban en centros turísticos en auge.

Los hoteles comenzaron a surgir en la costa, los bares y restaurantes se multiplicaron y las tiendas de souvenirs abrieron sus puertas. Las playas, que una vez habían sido el refugio de pescadores y niños locales, ahora estaban llenas de sombrillas y tumbonas. Aunque el turismo trajo prosperidad económica, también trajo consigo un coste.

César Manrique, que había regresado a la isla con sueños de preservar su esencia, vio con preocupación cómo el desarrollo turístico desenfrenado comenzaba a afectar el tejido ecológico y cultural de Lanzarote. Las construcciones descontroladas amenazaban los delicados ecosistemas, y la cultura local se veía eclipsada por la demanda de experiencias turísticas estandarizadas.

Manrique, con su sensibilidad artística y su profundo amor por Lanzarote, no podía ser simplemente un espectador pasivo. Sentía el dolor de la tierra, el lamento de las tradiciones en peligro y la preocupación de una comunidad que veía cómo su hogar se transformaba ante sus ojos.

Pero, ¿cómo podría un solo hombre, incluso alguien con el talento y la pasión de Manrique, enfrentarse a la maquinaria del desarrollo turístico? Esta era una pregunta que lo atormentaba. Sin embargo, lo que muchos no sabían en ese momento es que César no se quedaría de brazos cruzados. Su amor por Lanzarote y su visión artística serían sus herramientas en la lucha por preservar la isla que tanto amaba.

A medida que seguimos adentrándonos en esta historia, es esencial entender el contexto en el que Manrique actuó. Lanzarote estaba en una encrucijada, y las decisiones tomadas durante este período tendrían un impacto duradero en su futuro.

El Despertar de un Activista

El regreso de César Manrique a Lanzarote no fue simplemente un retorno a casa; fue el reencuentro con el lienzo de su inspiración, con el escenario que había nutrido su creatividad desde la infancia. Pero lo que encontró al regresar no fue únicamente el recuerdo idílico de su tierra natal; también se topó con una isla en plena metamorfosis, y no necesariamente para bien.

Los primeros indicios de su preocupación pueden rastrearse a sus paseos matutinos. César solía caminar por la orilla del mar, dejando que sus pies sintieran la caricia de la arena, observando el contraste de las olas contra la roca volcánica. Sin embargo, en esos paseos comenzaron a surgir marcas preocupantes: pilas de ladrillos esperando ser usados, la maquinaria pesada rompiendo el silencio del amanecer, y los esqueletos de lo que pronto serían grandes hoteles obstruyendo el horizonte.

Estos cambios, que para muchos representaban progreso y desarrollo, para Manrique eran cicatrices en el paisaje. Su sensibilidad artística, que siempre había percibido la armonía entre la naturaleza y la intervención humana, ahora detectaba una discordancia. Cada nueva construcción, cada decisión tomada sin considerar el delicado equilibrio del ecosistema, eran punzadas en su corazón.

Al principio, la preocupación de Manrique se manifestó en conversaciones privadas con amigos cercanos y familiares. Sus charlas, animadas por el fervor y la pasión, eran reflexiones sobre la necesidad de proteger la identidad de Lanzarote. Sin embargo, pronto se dio cuenta de que las palabras no serían suficientes. Debía actuar, pero ¿cómo? ¿Cómo podía un artista, incluso uno tan reconocido como él, enfrentarse a la inercia del desarrollo comercial?

La respuesta a esta inquietud no tardaría en manifestarse. César comenzó a involucrarse en pequeños actos de resistencia y concienciación. Desde asistir a reuniones del consejo local, hasta organizar exposiciones que celebraban la belleza natural de la isla y destacaban los peligros de un desarrollo sin control. Estas acciones, aunque parecieran pequeñas, sembraban las semillas de lo que pronto se convertiría en una misión de vida.

La empatía del lector hacia Manrique en este punto es esencial. Debemos entender que, para él, Lanzarote no era solo un lugar; era una extensión de sí mismo. Y así, cada herida infligida a la isla era una herida en su propio corazón. Este no era solo el despertar de un activista; era el llamado de un alma que no podía soportar ver su hogar desvanecerse en el horizonte de la modernidad sin luchar.

Voz contra la Marea

Los años sesenta y setenta trajeron consigo un aire de cambio a Europa. Con la explosión del turismo y la promesa de prosperidad, numerosas islas, playas y rincones paradisíacos se convirtieron en codiciados tesoros para los inversionistas. Lanzarote, con su exótica belleza volcánica y sus playas doradas, no fue la excepción. Para muchos, la isla ofrecía un potencial económico enorme, esperando ser transformada en un epicentro turístico.

Pero para César Manrique, esta promesa de "progreso" representaba una amenaza para la auténtica esencia de la isla que él tanto amaba. Como si estuviera viendo una joya rara siendo pulida de forma desmedida hasta perder su carácter, Manrique sentía una inquietud profunda al ver cómo, poco a poco, el paisaje de Lanzarote se veía amenazado por la construcción desenfrenada.

Su amor por la isla no se limitaba a un sentimiento superficial o meramente estético. Manrique entendía a Lanzarote como una entidad viva, con una historia, un ritmo y una energía propios. Por ello, cada proyecto urbanístico que no respetaba este equilibrio era, a sus ojos, una intrusión.

Sin embargo, alzar la voz en ese contexto no era tarea sencilla. El atractivo económico de los grandes complejos turísticos era tentador, y muchos veían en ellos una oportunidad para mejorar sus vidas. Frente a esta corriente, Manrique parecía un solitario defensor de un ideal que, para algunos, podía sonar quijotesco.

Pero César no era un hombre que se dejara amedrentar fácilmente. Con la misma pasión con la que plasmaba su arte, comenzó a defender su visión para Lanzarote. Opinaba, debatía, discutía. Usó su influencia y notoriedad para llevar la conversación a plataformas más grandes, presentando su caso con el mismo vigor con el que pintaría un cuadro o esculpiría una figura. Proponía una visión sostenible, en la que el desarrollo y la conservación pudieran coexistir armónicamente.

El mundo del arte, que siempre había considerado a Manrique como un innovador, ahora lo veía como un visionario en otro ámbito: el de la conservación. Su valentía al enfrentarse a poderosos intereses económicos le valió tanto admiración como crítica. Pero, por encima de todo, dejó claro que su compromiso con Lanzarote iba mucho más allá de las palabras.

A medida que seguimos esta parte del relato, no podemos evitar sentir una profunda empatía por Manrique. Aquí no solo vemos al artista, sino al hombre, al hijo de Lanzarote, que lucha con uñas y dientes por preservar la esencia de su hogar. En esta batalla, César nos muestra que el verdadero arte no se limita a lienzos o esculturas; a veces, el arte es la valentía de defender lo que amamos.

El Arte como Protesta

A lo largo de la historia del arte, hemos sido testigos de cómo grandes artistas han utilizado sus obras para hacer declaraciones audaces, para desafiar normas y para despertar conciencias. Desde las impactantes pinturas de Goya sobre las atrocidades de la guerra hasta las obras más contemporáneas que critican las estructuras políticas y sociales, el arte siempre ha sido una herramienta poderosa de expresión y resistencia. En este contexto, la contribución de César Manrique a este linaje de artistas-activistas es tan significativa como única.

Regresemos a Lanzarote, a esa isla moldeada por volcanes y bañada por el Atlántico. Aquí, Manrique, con su sensibilidad aguda, percibía el delicado equilibrio entre el hombre y la naturaleza. Era consciente de la belleza y fragilidad del ecosistema que le rodeaba, y sabía que esta isla, con sus paisajes casi lunares y su biodiversidad, estaba en un punto de inflexión.

Manrique no era simplemente un artista que pintaba paisajes o creaba esculturas; él vivía y respiraba la isla en todo lo que hacía. Cada pincelada, cada piedra colocada, cada diseño arquitectónico que esbozaba, llevaba consigo un mensaje claro: la naturaleza y el arte no sólo pueden coexistir, sino que deben hacerlo para que ambos prosperen.

Sus famosos "Centros de Arte, Cultura y Turismo" en Lanzarote son ejemplos perfectos de este enfoque. Estas creaciones no eran meramente estructuras arquitectónicas o espacios de exhibición; eran declaraciones vivientes de su filosofía. Al integrar formaciones rocosas, plantas endémicas y espacios naturales en sus diseños, Manrique estaba haciendo una protesta silenciosa pero poderosa. Estaba mostrando al mundo, y en particular a los habitantes y visitantes de Lanzarote, que es posible construir sin destruir, desarrollar sin desplazar, y prosperar sin perjudicar.

Es más, su arte no se quedaba en la contemplación pasiva. Al sumergir a los visitantes en espacios donde la obra de un hombre y la majestuosidad de la naturaleza se entrelazaban sin fisuras, Manrique estaba educando, sensibilizando. Estaba instigando una reflexión, invitando a todos a ver la naturaleza no como un recurso a explotar, sino como una obra de arte en sí misma, digna de admiración y protección.

Al leer sobre Manrique, es fácil imaginarlo en su estudio, rodeado de bocetos y maquetas, con la brisa del mar soplando suavemente y la tierra volcánica bajo sus pies. En ese espacio, su pasión por Lanzarote se convertía en arte, y ese arte se transformaba en un grito de amor y defensa por su tierra.

Es este compromiso apasionado, esta unión indisoluble entre el artista y su entorno, lo que hace que la historia de

César Manrique sea tan emocionante y resonante. Nos recuerda que el arte no es sólo belleza, sino también responsabilidad. Que puede ser tanto un refugio como una llamada a la acción. Y que, en manos de alguien como Manrique, se convierte en un legado duradero de respeto y admiración hacia el mundo natural que nos rodea.

Alianzas Esenciales

La historia del cambio y la conservación rara vez se trata de un solo individuo. Aunque César Manrique se haya convertido en el rostro más icónico de la lucha por la preservación de Lanzarote, es esencial reconocer que su visión fue fortalecida y apoyada por una red de individuos apasionados, todos comprometidos con un futuro sostenible para la isla. Al igual que en una obra maestra, donde cada pincelada contribuye al conjunto, en la cruzada de Manrique, cada aliado jugó un papel crucial.

Uno de estos colaboradores fue José Ramírez Cerdá, quien fue presidente del Cabildo de Lanzarote durante una época crucial en la década de los 70. Ramírez Cerdá, reconociendo la perspicacia y la pasión de Manrique, le brindó el apoyo institucional necesario para llevar a cabo muchas de sus visionarias propuestas. Juntos, idearon estrategias para integrar el turismo con la conservación, algo que en aquel momento era prácticamente revolucionario.

Otro pilar en esta lucha fue Luis Morales, un arquitecto que compartía la visión de Manrique sobre una arquitectura respetuosa con el entorno. Morales, con su detallado conocimiento técnico y su pasión por la isla, fue un complemento perfecto para Manrique. Trabajaron codo con codo en varios proyectos, buscando siempre formas innovadoras de fusionar funcionalidad y sostenibilidad.

Más allá de estas figuras prominentes, estaban los lugareños, aquellos que llamaban a Lanzarote su hogar. Si bien algunos estaban inicialmente escépticos o resistían el cambio, muchos otros se unieron a Manrique en su misión, reconociendo que el camino hacia un desarrollo desenfrenado sólo llevaría al agotamiento y la degradación de la isla que tanto amaban.

Las historias de colaboración entre Manrique y sus aliados a menudo están llenas de debates apasionados, soluciones creativas y un impulso incansable hacia un objetivo común. Imaginemos las largas conversaciones en patios canarios, con el murmullo del viento y el aroma del mar cercano, mientras discutían estrategias, compartían ideas y diseñaban planes.

Es este espíritu de colaboración y unidad lo que realmente destaca en la cruzada de Manrique. Aunque su nombre es el más recordado, detrás de él había un coro de voces, todas cantando la misma melodía: un himno de amor, respeto y dedicación a Lanzarote.

Al leer sobre estas alianzas esenciales, uno no puede evitar sentir una profunda admiración no sólo por Manrique, sino por todos aquellos que vieron más allá de los intereses a corto plazo y eligieron abogar por la belleza, la integridad y el futuro de la isla. Es un recordatorio conmovedor de que, incluso frente a los desafíos más grandes, la pasión compartida y la colaboración pueden mover montañas, o en este caso, proteger una isla entera.

Legislación y Logros

César Manrique no sólo fue un apasionado artista y ecologista, sino que también fue un estratega astuto, comprendiendo que la protección efectiva de Lanzarote requeriría más que simples actos de protesta o representaciones artísticas. Requeriría un cambio en la misma estructura legal que regula el desarrollo y uso de la tierra en la isla. Con ese conocimiento, Manrique se propuso influir y apoyar la creación de leyes y normativas que aseguraran el futuro prístino de su amado hogar.

En su cruzada, Manrique no estaba solo. Como hemos mencionado, contó con el apoyo de personajes clave como José Ramírez Cerdá. Sin embargo, su mayor logro fue hacer que la protección del paisaje y la cultura de Lanzarote no fuera solo una preocupación de unos pocos, sino un movimiento colectivo.

Uno de los logros más significativos en este ámbito fue la Ley de Espacios Naturales de Canarias, promulgada en 1987, que redefinía y ampliaba la protección sobre áreas de valor ecológico, paisajístico y cultural. Aunque Manrique no fue legislador, su influencia y activismo indudablemente jugaron un papel en la sensibilización y concientización que condujo a la adopción de esta ley.

El Plan Insular de Ordenación de Lanzarote (PIOL), también fue fundamental. Esta normativa, en la que Manrique tuvo un papel asesor decisivo, establecía directrices claras sobre qué áreas podían ser desarrolladas y cuáles debían ser conservadas. A través de este plan, se buscó un equilibrio entre el necesario desarrollo turístico y la preservación de la esencia de la isla.

Además, gracias a los esfuerzos de Manrique y otros defensores, se logró que ciertos lugares emblemáticos de Lanzarote fueran declarados Reservas de la Biosfera por la UNESCO en 1993. Este reconocimiento no solo trajo orgullo a los habitantes de la isla, sino que también estableció parámetros internacionales de conservación y desarrollo sostenible.

Mientras repasamos estos logros legislativos, es importante recordar que detrás de cada ley y normativa, había un mar de emociones, luchas y esfuerzos. La perseverancia de Manrique se reflejó en cada artículo y cláusula. Cada vez que una ley era promulgada, era una victoria no solo para él sino para toda Lanzarote.

La dedicación de Manrique a la protección de su isla natal fue, sin duda, un acto de amor profundo y duradero. A través de su visión y trabajo incansable, él demostró que es posible defender lo que uno ama, no solo con pasión, sino con acción concreta. Y en ese proceso, no solo dejó un legado artístico, sino también un legado legal que protegerá a Lanzarote para las generaciones futuras.

Educando a la Próxima Generación

La visión de César Manrique para Lanzarote no se limitó a su tiempo y generación. Consciente de que la verdadera sostenibilidad y conservación requeriría la participación activa de las generaciones venideras, Manrique emprendió un viaje personal para inculcar un amor profundo por la naturaleza y la rica herencia cultural de Lanzarote en los corazones de los más jóvenes.

Con esa pasión ardiente que lo caracterizaba, Manrique comenzó organizando talleres y charlas en escuelas locales. Más que simples lecciones, eran experiencias interactivas donde los niños podían sentir, tocar y apreciar la tierra que los rodeaba. A través de actividades prácticas, les enseñó a ver la belleza en una simple piedra volcánica, en los contornos de un cactus, en el juego de luces y sombras en las cuevas y grutas de la isla.

Su casa en Tahíche, convertida más tarde en la Fundación César Manrique, se convirtió en un campo de aprendizaje vivo para muchos. Los jóvenes visitantes no solo eran cautivados por la arquitectura y las obras de arte, sino que también eran invitados a reflexionar sobre cómo el arte y la naturaleza podían coexistir en perfecta armonía.

Pero Manrique no solo se detuvo en las escuelas y su propia fundación. Se involucró en la creación de programas educativos a nivel regional que priorizaran la educación medioambiental y cultural. Estos programas, basados en su filosofía, fueron pioneros en muchos aspectos y sentaron las bases para futuras políticas educativas en Canarias.

Es importante subrayar que para Manrique, la educación no era solo una transferencia de conocimiento. Era, ante todo, una transferencia de valores. Quería que los niños de Lanzarote crecieran con un fuerte sentido de identidad, arraigados en la isla, y con un sentido profundo de responsabilidad hacia su conservación. Decía con frecuencia: "Si aman esta tierra, la protegerán".

Con el tiempo, muchos de aquellos niños se convirtieron en jóvenes adultos que llevaron consigo las lecciones aprendidas. Algunos se convirtieron en activistas, otros en artistas, y otros en políticos o empresarios. Pero todos, de alguna manera, llevaban en su corazón ese amor inculcado por Manrique.

Al reflexionar sobre este aspecto particular de la vida de Manrique, es imposible no sentir una profunda admiración. A través de sus iniciativas educativas, logró trascender su tiempo, dejando una huella que seguirá viva en las generaciones futuras. No solo enseñó a ver la belleza de Lanzarote, sino que también mostró cómo cada individuo, independientemente de su edad, tiene un papel en su preservación. Es un recordatorio conmovedor de que el legado verdadero no se encuentra solo en obras de arte o en edificios, sino en las vidas y corazones de aquellos a quienes tocamos.

Desafíos y Resistencias

La travesía de César Manrique para conservar la esencia pura y auténtica de Lanzarote no estuvo exenta de desafíos. Aunque su pasión y amor por la isla eran evidentes, enfrentó obstáculos que hubieran desanimado a cualquier otro. Sin embargo, el mismo espíritu que lo llevó a ver la belleza en los paisajes volcánicos y en las olas que acariciaban la orilla, le dio la fortaleza para enfrentar las adversidades con una resiliencia inquebrantable.

Uno de los primeros y más notorios desafíos fue el auge turístico descontrolado de los años 60 y 70. A medida que la belleza de Lanzarote empezaba a ganar reconocimiento a nivel internacional, inversores y desarrolladores vieron una oportunidad de oro. Proyectos de construcción masiva, hoteles de gran altura y complejos turísticos comenzaron a emerger, amenazando el paisaje natural y el equilibrio ecológico de la isla. Manrique, con su visión clara del valor intrínseco y el potencial sostenible de Lanzarote, se encontró a menudo en conflicto con estos poderosos intereses comerciales.

Además, no todos en la isla compartían su visión. Algunos veían el desarrollo como una fuente esencial de ingresos y empleo. Manrique, siendo un defensor de la armonía entre el arte, la naturaleza y la humanidad, no estaba en contra del progreso, pero sí abogaba por un desarrollo considerado y sostenible. Su postura provocó tensiones, y en ocasiones, fue tachado de idealista o incluso de obstaculizar el progreso.

Sin embargo, en el corazón de estos desafíos, la determinación de Manrique nunca flaqueó. Convocó reuniones, organizó protestas pacíficas, y utilizó su arte y su voz para sensibilizar al público y a las autoridades sobre la importancia de un desarrollo sostenible. Enfrentó críticas, desacuerdos y, en ocasiones, abierta hostilidad. Pero, incluso en los momentos más difíciles, su amor por Lanzarote y su visión de un futuro sostenible para la isla lo mantenían firme en su misión.

Al recordar esta fase de su vida, es imposible no sentir una profunda empatía por Manrique. Su resistencia y su pasión nos recuerdan que, a veces, las batallas más difíciles son las que más valen la pena. Nos muestra que defender lo que uno cree, especialmente cuando se trata del bienestar de nuestra tierra y de las generaciones futuras, es una responsabilidad que no debe tomarse a la ligera.

Al final, la resistencia de Manrique no fue en vano. Aunque enfrentó desafíos en cada paso, también cosechó logros significativos, y su influencia en la Lanzarote de hoy es innegable. Su legado es un recordatorio de que con pasión, determinación y amor, uno puede enfrentar los desafíos más grandes y dejar una marca imborrable en el mundo.

Un Legado Indeleble

Mientras los atardeceres de Lanzarote bañan la isla con su paleta de colores cálidos, y los vientos susurran historias antiguas entre palmeras y rocas volcánicas, el legado de César Manrique permanece vivo y vibrante. No es solo en las estructuras y obras de arte que salpican el paisaje, sino en el espíritu y la esencia de una isla que ha aprendido a valorar su singularidad y a resistir las presiones del desarrollo desenfrenado.

Manrique, con su pasión desbordante y su compromiso inquebrantable con Lanzarote, nos dejó una lección invaluable sobre el poder transformador del arte y la determinación individual. En un mundo donde a menudo se nos dice que un solo individuo no puede marcar la diferencia, su vida es un testimonio del impacto monumental que una persona, armada con visión y propósito, puede tener.

A lo largo de su vida, enfrentó desafíos que parecían insuperables y resistencias que hubieran desanimado a muchos. Sin embargo, guiado por su amor profundo por la isla y su firme creencia en la armonía entre el hombre y la naturaleza, perseveró. Cada mural, cada jardín, cada intervención arquitectónica, eran no solo expresiones artísticas, sino declaraciones políticas y sociales sobre cómo deberíamos coexistir con nuestro entorno.

Para los que visitan Lanzarote hoy, es difícil imaginar la isla sin la influencia de Manrique. Las decisiones y acciones que tomó, las batallas que libró, han moldeado la isla en formas que son visibles en cada esquina. Pero, quizás, lo más conmovedor de su legado no es lo que se puede ver, sino lo que se puede sentir: un sentido profundo de pertenencia, una conexión con la tierra y una responsabilidad compartida hacia su preservación.

Al reflexionar sobre la vida y el legado de Manrique, es inevitable sentir una profunda gratitud y admiración. Su vida es un recordatorio de que todos tenemos el poder de influir en el mundo que nos rodea, de proteger lo que amamos y de legar un futuro mejor. La isla de Lanzarote, con su belleza cautivadora y su carácter indomable, es el testimonio viviente de la visión de un hombre que vio más allá de lo evidente, que soñó con lo que podría ser y que trabajó incansablemente para hacerlo realidad. La historia de César Manrique es, en última instancia, una historia de amor, arte y activismo, y su legado indeleble es un faro de esperanza e inspiración para todos nosotros.

Luchas y triunfos

Inicio de la tormenta

La década de 1960 trajo consigo un soplo de cambio y progreso a Europa y al mundo, y Lanzarote no fue la excepción. Con la llegada de los primeros aviones cargados de turistas, se presentaba ante la isla una oportunidad dorada, un potencial económico inimaginable hasta entonces. Las playas de arena blanca, el misterioso paisaje volcánico y el clima templado todo el año convirtieron a Lanzarote en un paraíso codiciado para los visitantes.

Las calles, antaño tranquilas y llenas del murmullo cotidiano de sus habitantes, comenzaron a resonar con acentos foráneos y risas de turistas que, maravillados, descubrían el exotismo y la belleza de la isla. Las plazas y mercados, antes con un ritmo pausado, ahora bullían con la energía de aquellos que venían en busca de sol, aventura y descanso.

Pero con este nuevo auge vinieron también los signos iniciales de una tormenta que se avecinaba. Los inversores vieron en Lanzarote un terreno fértil para grandes desarrollos hoteleros y urbanísticos, imaginando lujosos complejos y atracciones turísticas que, aunque prometían riqueza y empleo, también amenazaban con desfigurar el carácter auténtico y la esencia misma de la isla.

En medio de este torbellino de cambio, César Manrique, con su mirada artística y su profundo amor por Lanzarote, percibió lo que muchos no podían o no querían ver. Sus años en el extranjero le habían proporcionado una perspectiva única: había presenciado cómo el desarrollo desenfrenado podía consumir y transformar lugares de inigualable belleza. Aunque regresó a Lanzarote buscando refugio y conexión con sus raíces, pronto se encontró en la encrucijada de una batalla emergente por el alma de su tierra natal.

Cada nuevo proyecto anunciado era como una herida en el corazón de Manrique. Podía sentir cómo el Lanzarote que conocía y amaba se desvanecía poco a poco, reemplazado por construcciones de hormigón y visiones de ganancia a corto plazo. Pero este sentimiento no era solo una melancolía pasajera. Se estaba gestando una resolución en él, una determinación que lo llevaría a enfrentarse a las corrientes dominantes de su época.

Este capítulo nos invita a recorrer esos primeros momentos de tensión, a entender el panorama que se desplegaba ante Manrique y cómo, armado con su pasión, su arte y su amor por Lanzarote, comenzó a esbozar su respuesta a la tormenta que se avecinaba. Acompáñenos en este viaje por el inicio de una lucha que definiría la trayectoria de uno de los artistas más significativos de Canarias y, sin duda, de su isla más preciada.

Manrique, el defensor

En el ámbito internacional, César Manrique ya había cosechado el reconocimiento como artista, siendo admirado por su habilidad para fundir naturaleza y arte de una manera que pocos podían lograr. Pero en Lanzarote, su tierra natal, estaba destinado a desempeñar un papel mucho más amplio y vital. Aquí, frente al desafío de un desarrollo sin control, Manrique emergió como un defensor feroz pero carismático del entorno natural y cultural de la isla.

Aunque muchos veían el boom turístico como una bendición, Manrique reconocía los peligros subyacentes. Visionario, podía prever lo que sucedería si se permitía que el desarrollo avasallador continuara sin restricciones: un paraíso convertido en una jungla de concreto, perdiendo su esencia y, en el proceso, su alma.

Pero Manrique no era un crítico desde la distancia. Se involucró personalmente, asistiendo a reuniones municipales, participando en debates públicos y buscando aliados en su cruzada para preservar la integridad de Lanzarote. Su hogar en Tahíche, construido en cinco burbujas volcánicas, se convirtió en un testimonio de lo que era posible cuando se respetaba la naturaleza, sirviendo no solo como su santuario personal, sino también como una demostración tangible de su visión para la isla.

Y no era solo su voz la que se alzaba en defensa de Lanzarote. Sus pinturas, esculturas y proyectos arquitectónicos comenzaron a reflejar un mensaje claro y poderoso: Lanzarote era un tesoro que debía ser protegido a toda costa. Cada pieza se convirtió en una declaración, un recordatorio de la belleza que estaba en juego.

A pesar de su creciente papel como activista, nunca abandonó su esencia amable y apasionada. Los que lo conocieron personalmente recordarán su carisma y su capacidad para inspirar a otros con su entusiasmo contagioso. Era un hombre que podía hablar con igual facilidad con políticos, empresarios y jóvenes artistas, convenciéndolos con argumentos sólidos y, a menudo, con el mero poder de su personalidad.

Sin embargo, no todos estaban de acuerdo con él. Algunos argumentaban que Lanzarote necesitaba el desarrollo para prosperar, y veían a Manrique como un obstáculo para el progreso. Pero lo que estos críticos no entendían es que Manrique no estaba en contra del desarrollo per se. Su lucha era por un desarrollo sostenible, uno que honrara y conservara la singularidad de Lanzarote, en lugar de ahogarla.

Esta parte de su viaje nos muestra a un César Manrique en todo su esplendor: no solo como el artista que el mundo ya conocía y admiraba, sino también como un defensor incansable, un guerrero en la batalla por el alma de su tierra natal. Era un rol que quizás nunca esperó desempeñar, pero uno que, dada su profunda conexión con Lanzarote, parecía ser su destino inevitable.

El pulso de los proyectos

Las décadas de 1960 y 1970 vieron un florecimiento en el desarrollo turístico en Lanzarote. A medida que las aerolíneas expandían sus rutas y el turismo se convertía en una industria en auge, el paisaje de la isla comenzó a cambiar. Hoteles, complejos turísticos y otras infraestructuras comenzaron a surgir, prometiendo prosperidad pero también trayendo consigo el riesgo de perder la autenticidad de Lanzarote.

Uno de estos proyectos, por ejemplo, fue el intento de construir grandes complejos hoteleros en áreas que hasta entonces habían permanecido vírgenes. La costa, con sus playas de arena blanca y aguas cristalinas, era un objetivo particular para estos desarrolladores. Mientras que para algunos esto prometía ser una fuente de ingresos y empleo, para Manrique, estos proyectos amenazaban con destruir el mismo tejido del paisaje que tanto amaba.

El sur de Lanzarote, con su Parque Nacional de Timanfaya y sus paisajes volcánicos únicos, también estuvo en la mira de algunos proyectos de desarrollo. Imagínese, si lo desea, un escenario en el que los campos de lava, los geíseres y los cráteres volcánicos fueran interrumpidos por infraestructuras modernas. Es un escenario que Manrique encontró insoportable.

A nivel personal, Manrique no solo veía una amenaza al paisaje físico, sino también a la cultura y el espíritu de Lanzarote. Recordaba con cariño sus años de juventud en la isla, los festivales, las tradiciones y la sencillez de la vida. Los recuerdos de los mercados locales, los pescadores regresando con sus capturas y las tardes tranquilas pasadas con amigos y familiares estaban en marcado contraste con el ruido y la agitación de las zonas de construcción.

Pero Manrique no era un mero espectador. Se sumergió en el estudio de estos proyectos, se familiarizó con sus detalles y buscó formas de ofrecer alternativas. No se oponía al desarrollo, pero sí al desarrollo sin sentido y sin respeto por la tierra. En reuniones con autoridades locales y promotores, no era raro que desplegara bocetos y planos propios, demostrando cómo se podía lograr un equilibrio entre modernidad y tradición.

Estas batallas, a menudo descritas por él en sus diarios y correspondencia, eran intensas y emocionales. Pero lo que resalta es la pasión y el compromiso de Manrique. Se preocupaba profundamente por Lanzarote y estaba dispuesto a luchar por su preservación. A través de estas luchas, emerge una imagen clara: la de un hombre enraizado en su tierra, un artista que veía más allá del lienzo y se comprometía con el mundo real, desafiando el statu quo y luchando por lo que creía correcto.

Ecos en la comunidad

Cuando un alma apasionada alza su voz, no tarda en encontrar eco en los corazones de otros. La resistencia de César Manrique no fue la solitaria lucha de un artista contra los titanes del desarrollo; en realidad, su voz resonó con fuerza en la comunidad local, agitando las aguas tranquilas de la cotidianidad insular y generando ripples de conciencia que se extendieron rápidamente por toda Lanzarote.

Es esencial comprender la profundidad de las raíces de Manrique en Lanzarote para apreciar cómo sus palabras y acciones impactaron en la comunidad. Había crecido entre las gentes de la isla, entre los mismos paisajes y tradiciones que ahora veía amenazados. Esta conexión íntima hizo que su mensaje no solo fuese el grito de un artista, sino el sentimiento compartido de un hijo de la tierra que temía por la integridad de su hogar.

Los lugareños, especialmente aquellos de las generaciones más antiguas, entendían perfectamente lo que estaba en juego. Habían vivido en un Lanzarote sin grandes complejos hoteleros, sin carreteras congestionadas y sin el frenesí del turismo masivo. Para ellos, las palabras de Manrique evocaban recuerdos de tiempos más simples y, a menudo, más dulces. Y para la generación más joven, sus palabras eran una llamada a reconocer y valorar el legado cultural y ecológico que estaba a punto de ser heredado.

No pasó mucho tiempo para que se formaran grupos comunitarios, asociaciones y coaliciones en respuesta a la creciente amenaza del desarrollo sin restricciones. Inspirados por la visión de Manrique, estos grupos se convirtieron en defensores activos de la isla. Organizaron reuniones, talleres y eventos educativos, buscando informar a la comunidad sobre las implicaciones a largo plazo de los proyectos de desarrollo propuestos.

El arte, siendo una herramienta poderosa para la comunicación y el cambio, también jugó un papel crucial en este movimiento de resistencia. Inspirados por Manrique, muchos artistas locales comenzaron a expresar sus preocupaciones y visiones a través de sus obras, creando piezas que hablaban del amor por Lanzarote, de su belleza única y de la urgente necesidad de protegerla. Estas exposiciones, a menudo respaldadas por Manrique mismo, se convirtieron en espacios donde los lugareños podían reunirse, discutir y planificar acciones.

En este contexto, César Manrique no era simplemente un líder o un portavoz; era el catalizador de un movimiento más amplio. Su empatía y pasión por Lanzarote se convirtieron en el puente que conectaba generaciones, tradiciones y visiones de futuro. En su lucha, Manrique no estaba solo; tenía a toda una comunidad detrás de él, unida en el amor y la determinación de preservar la esencia de Lanzarote para las generaciones futuras.

El poder de la palabra

En una era en la que la comunicación se estaba transformando rápidamente y los medios de comunicación comenzaban a dominar el panorama global, César Manrique, con su aguda visión y adaptabilidad, comprendió el poder innegable de la palabra. Más allá de su habilidad para crear obras maestras visuales, Manrique demostró ser un orador y escritor elocuente, utilizando su voz para llegar a corazones y mentes en Lanzarote y más allá.

A medida que la isla comenzó a ser invadida por el ruido de las excavadoras y el cemento, Manrique se dio cuenta de que, para contrarrestar ese estruendo, necesitaba amplificar su propia voz y el mensaje que llevaba. Así, se volcó hacia los medios de comunicación, aprovechando cada oportunidad para hablar sobre la singularidad de Lanzarote y los peligros que enfrentaba.

Las entrevistas eran una herramienta especialmente valiosa. Con su carisma natural y su profundo amor por la isla, cada aparición de Manrique en la radio o la televisión se convirtió en una cátedra apasionada sobre la importancia de proteger el patrimonio cultural y natural de Lanzarote. No era raro verlo, con su distintiva barba y ojos brillantes, hablando con fervor en programas nacionales e incluso internacionales, convirtiendo su preocupación en una narrativa cautivadora que era imposible ignorar.

Además, Manrique escribió numerosos artículos en periódicos y revistas, tanto locales como internacionales. Estos escritos, infundidos con su característica pasión, ofrecían una mezcla de relatos personales, datos históricos y reflexiones filosóficas sobre la relación del hombre con la naturaleza. Sus palabras, cuidadosamente elegidas y cargadas de emoción, pintaban un cuadro vivo de Lanzarote, un lugar donde la naturaleza y la cultura se entrelazaban de manera mágica.

Pero quizás lo más impactante de sus intervenciones públicas eran las charlas y conferencias que ofrecía, tanto en Lanzarote como en el extranjero. En estos espacios, su voz resonaba con mayor fuerza, ya que se conectaba directamente con su audiencia, compartiendo anécdotas personales, mostrando imágenes de sus obras y, sobre todo, haciendo un llamado apasionado a la acción.

A través de todas estas plataformas, Manrique logró hacer algo crucial: sensibilizó no solo a la comunidad local, sino también a la opinión pública internacional. Su mensaje trascendió fronteras, convirtiéndose en un grito universal de protección del patrimonio y de respeto por la belleza natural.

No es exagerado decir que, a través del poder de la palabra, César Manrique elevó la lucha por Lanzarote a un escenario global, convirtiendo su amada isla en un símbolo de resistencia y esperanza. A través de su voz y su pluma, demostró que el arte y la elocuencia pueden ser armas poderosas en la lucha por un mundo más justo y sostenible.

Aliados en la sombra

César Manrique nunca se vio a sí mismo como un luchador solitario. Aunque su nombre y figura predominaban en las batallas por la preservación de Lanzarote, detrás de él se encontraba un enjambre de individuos inspirados y alentados por su visión. Estos aliados en la sombra, muchos de ellos desconocidos para el gran público, desempeñaron roles cruciales, trabajando en silencio pero con una pasión igualmente ardiente por la isla.

Uno de esos aliados era Pepe Dámaso, otro renombrado artista canario, cuyas obras también reflejaban el amor por las islas y la naturaleza. Dámaso y Manrique compartían una amistad profunda y una visión artística común que los llevó a colaborar en varios proyectos. Pero, más allá de su trabajo en el arte, Dámaso también se unió a Manrique en su resistencia contra los desarrollos desmedidos, utilizando su influencia y redes para amplificar el mensaje.

Otra figura destacada fue Luis Morales, un arquitecto local cuya admiración por Manrique lo llevó a adoptar una filosofía de diseño sostenible. Morales, en sus proyectos, buscaba integrar la arquitectura con el entorno natural, evitando alterar el paisaje de Lanzarote. En numerosas ocasiones, Morales proporcionó apoyo técnico y experto a las iniciativas de Manrique, asegurando que los desarrollos propuestos se llevaran a cabo con el mínimo impacto posible.

En el ámbito académico, la doctora Pilar Larrañaga, historiadora y experta en patrimonio, fue una voz vital en la lucha. A través de sus investigaciones y escritos, Larrañaga subrayó la importancia histórica y cultural de Lanzarote, ofreciendo una perspectiva educada sobre los riesgos del desarrollo no regulado. Su trabajo en universidades y conferencias ayudó a sensibilizar a la nueva generación sobre la importancia de proteger la herencia de la isla.

Por supuesto, había muchos más: desde activistas locales hasta profesionales en áreas relacionadas con el turismo, la ecología y la cultura. Cada uno, a su manera, aportó al movimiento que Manrique había comenzado, ya fuera a través de la protesta, la educación o la acción directa.

Aunque Manrique es, con razón, el rostro más reconocido de esta lucha, es esencial recordar que detrás de él había una comunidad unida, inspirada y determinada. Estos aliados en la sombra, movidos por el amor a Lanzarote y por el respeto a su cultura y naturaleza, fueron el tejido que fortaleció cada paso dado por Manrique. Juntos, formaron un frente unido, demostrando que la pasión y la determinación pueden enfrentar y vencer incluso a los desafíos más formidables.

La batalla legal

La lucha por la preservación de Lanzarote no fue sólo un enfrentamiento de ideologías, sino que también se libró en tribunales, despachos y salas de reuniones. La estrategia de César Manrique y sus aliados fue tan audaz como sofisticada: si querían proteger Lanzarote, debían hacerlo utilizando las mismas herramientas legales que, a menudo, eran explotadas por aquellos con intereses de desarrollo.

Desde el inicio, Manrique demostró una sagacidad sorprendente. Pese a su formación en arte y no en leyes, comprendió que el arte, por sí solo, no sería suficiente para proteger la isla. Necesitaba aliarse con expertos que entendieran el sistema desde dentro. Y así, entre su círculo de confianza, comenzaron a emerger figuras con conocimientos jurídicos y políticos.

El objetivo principal era sencillo en teoría pero complejo en práctica: identificar lagunas en la legislación existente y proponer nuevas leyes o regulaciones que protegieran el patrimonio natural y cultural de Lanzarote. Además, en casos donde ya se estaban llevando a cabo desarrollos potencialmente dañinos, el desafío consistía en frenarlos o modificarlos utilizando argumentos legales.

Uno de los primeros logros en este ámbito fue la consolidación de zonas protegidas. Manrique y su equipo de asesores legales identificaron áreas de Lanzarote que eran especialmente vulnerables y las propusieron para su protección bajo distintos estatus legales. Esto no sólo impedía nuevos desarrollos, sino que también establecía regulaciones más estrictas en cuanto a cualquier actividad en esas zonas.

Pero no todo fue navegación tranquila. En varias ocasiones, Manrique y sus aliados enfrentaron fuertes resistencias de grupos con poder económico y político. Estos enfrentamientos, en ocasiones, se convirtieron en auténticas batallas legales, con abogados y expertos de ambos lados presentando argumentos y contraargumentos.

El carisma de Manrique jugó un papel crucial incluso en este terreno técnico y burocrático. Era él quien, a menudo, se presentaba ante comités y consejos, no con lenguaje legalista, sino con el apasionado argumento del amor por Lanzarote. Su habilidad para comunicar y evocar empatía se convirtió en un arma poderosa, moviendo a menudo a decisiones a su favor.

Con el paso del tiempo, y tras numerosos desafíos, la persistencia de Manrique y sus aliados empezó a dar frutos. Leyes más estrictas se implementaron, y aunque no se ganaron todas las batallas, cada victoria era un paso más hacia la visión de Manrique de una Lanzarote protegida y respetada.

La lucha legal no fue fácil, ni rápida, ni siempre popular. Pero Manrique, con su combinación única de pasión artística y determinación estratégica, demostró que incluso en los escenarios más áridos, como los tribunales, puede florecer la esperanza. Y en este escenario, su visión artística se entrelazó con el pragmatismo para crear un legado jurídico en defensa de la tierra que tanto amó.

La vida, en su esencia más pura, es una danza constante entre triunfos y fracasos, altos y bajos. La vida de César Manrique no fue una excepción. Mientras avanzaba en su misión de preservar la belleza inmaculada de Lanzarote, enfrentó victorias que lo elevaron y derrotas que lo pusieron a prueba.

Cada victoria de Manrique era una celebración no solo para él, sino para toda la comunidad que compartía su visión. Uno de sus triunfos más significativos fue la creación del Parque Nacional de Timanfaya. Esta vasta extensión de paisajes volcánicos, que parece sacada de otro planeta, se convirtió en un símbolo protegido contra el desarrollo desenfrenado, gracias en gran parte a la influencia y persistencia de Manrique. Además, la declaración de Lanzarote como Reserva de la Biosfera por la UNESCO en 1993 fue otro logro monumental, consolidando la importancia ecológica y cultural de la isla a nivel global.

Pero, como cualquier cruzada, no todos los esfuerzos de Manrique culminaron en éxito. Hubo proyectos de desarrollo que, a pesar de sus fervientes protestas y campañas, siguieron adelante. Estos reveses eran desgarradores. Veía cómo algunas áreas que una vez habían sido prístinas se transformaban bajo la mano del hombre. Sin embargo, incluso en sus momentos más difíciles, Manrique encontró la fuerza para continuar, comprendiendo que la lucha era más grande que cualquier batalla individual.

Lo verdaderamente inspirador de Manrique no fue solo su capacidad para celebrar los triunfos, sino también su resiliencia ante la adversidad. Las derrotas, en lugar de desanimarlo, avivaban aún más su fuego interno. Cada vez que veía una estructura que desentonaba con el paisaje natural o escuchaba de un nuevo proyecto de desarrollo, redoblaba sus esfuerzos, volviendo a la comunidad, a los medios de comunicación, a sus aliados, buscando una nueva estrategia, una nueva forma de proteger la isla que amaba.

La empatía que sentimos por Manrique no proviene solo de sus logros, sino también de su humanidad palpable en cada desafío. Sus derrotas nos muestran a un hombre apasionado, vulnerable y genuino; alguien que, a pesar de los obstáculos, nunca dejó de creer en su misión.

Cada marca en el paisaje de Lanzarote, ya sea una victoria o una cicatriz de batalla, es también un testimonio del viaje de Manrique. Y mientras reflexionamos sobre sus triunfos y reveses, es imposible no sentir un profundo respeto por este artista y activista que, con su pasión y persistencia, dejó una huella indeleble en la isla y en los corazones de quienes la habitan.

Un cambio de mentalidad

En cualquier movimiento cultural o social, hay siempre un punto de inflexión, un momento en que lo que alguna vez fue considerado radical o periférico comienza a ocupar el centro del escenario. Para Lanzarote y su paisaje, ese cambio se manifestó gradualmente, y en el corazón de esta transformación estaba César Manrique.

En los primeros días de su activismo, Manrique a menudo parecía una voz solitaria, un artista enfrentando a poderosas fuerzas económicas y políticas. Pero, como cualquier gran artista, él sabía que su lucha no era solo en el plano físico de construcciones y paisajes; era, ante todo, una batalla de ideas, una lucha por el alma de Lanzarote.

Los primeros indicios de cambio fueron sutiles. A medida que Manrique continuaba con su obra, fusionando arte y naturaleza, la gente comenzó a ver Lanzarote no solo como tierra, sino como lienzo. Los lugareños, aquellos que habían vivido allí durante generaciones, comenzaron a ver su hogar a través de una lente diferente, gracias a la perspectiva que Manrique ofrecía. Los lugares que habían sido considerados comunes o incluso desolados se revelaron como mágicos y llenos de significado.

La educación desempeñó un papel fundamental en este cambio gradual. A través de charlas, talleres y, lo más importante, a través de su arte, Manrique fomentó un profundo aprecio por la belleza intrínseca de Lanzarote. Y cuando las personas comienzan a valorar algo, naturalmente quieren protegerlo.

Pronto, esta revolución en la percepción trascendió a la comunidad local. Turistas de todo el mundo, atraídos por la singular fusión de arte y naturaleza que Manrique promovía, se convirtieron en defensores inesperados de su causa. Las voces que alguna vez cuestionaron o incluso ridiculizaron las ideas de Manrique comenzaron a ver el valor en su visión. Las discusiones en los bares locales, las conversaciones en los hogares y las decisiones en las salas de juntas comenzaron a reflejar un nuevo entendimiento.

Y así, lo que empezó como el sueño de un hombre se convirtió en la visión de muchos. Las autoridades, reconociendo el cambio en la opinión pública y la creciente importancia del turismo sostenible, comenzaron a adoptar políticas más conservacionistas. No fue un cambio repentino, ni mucho menos fácil, pero con el tiempo, la mentalidad de "desarrollo a cualquier costo" comenzó a ceder ante una filosofía más equilibrada.

El viaje de Manrique, de artista a activista y finalmente a un icono cultural, es un testimonio del poder transformador del arte y la pasión. Es un recordatorio de que, con dedicación y amor genuino por un lugar, es posible cambiar corazones y mentes. En Lanzarote, gracias a Manrique, un nuevo capítulo se estaba escribiendo, donde la belleza y la sostenibilidad caminaban de la mano.

Reflexión sobre el impacto

La historia de César Manrique y su relación con Lanzarote es, en esencia, la historia de un amor profundo. No solo el amor de un artista por su lienzo, sino el amor de un hijo por su tierra natal. Es una narrativa de devoción, determinación y, sobre todo, de transformación.

Manrique, con su visión y sensibilidad artísticas, vio más allá de la superficie de la isla. Vio el alma de Lanzarote, sus historias antiguas, sus texturas y tonalidades. Pero lo que es aún más notable es que, a través de su arte y activismo, permitió que otros también la vieran. Abrió los ojos de la gente, no solo para ver la belleza de Lanzarote sino para sentir una conexión profunda con ella.

Cada triunfo de Manrique, ya sea en el ámbito del arte o en la protección del medio ambiente, no fue solo un logro personal, sino un triunfo para Lanzarote y su gente. A través de sus intervenciones arquitectónicas y paisajísticas, transformó lugares abandonados y olvidados en obras maestras, fusionando la naturaleza y la creatividad humana en una danza perfecta. Pero quizás, lo más impactante fue cómo Manrique se convirtió en una fuerza de cambio, no solo en la estética de la isla sino en su esencia misma.

El efecto dominó de su pasión es evidente no solo en la conservación del paisaje natural de Lanzarote, sino también en cómo las generaciones posteriores perciben y valoran su entorno. Manrique sembró una semilla de aprecio, consciencia y respeto por la tierra y su cultura, que ha germinado y crecido, tocando a innumerables individuos mucho después de su partida.

Sus contemporáneos, muchos de los cuales eran escépticos o indiferentes al inicio, finalmente vieron el valor de su visión. Los artistas jóvenes de Lanzarote, y de hecho de todo el mundo, han tomado inspiración de su enfoque integrador, reconociendo que el arte y el entorno pueden coexistir en armonía.

Es este legado, intangible pero omnipresente, lo que hace de la historia de Manrique algo especial. Aunque ya no esté físicamente entre nosotros, su espíritu vive en cada rincón de Lanzarote, en cada obra de arte que dejó atrás y en cada corazón que tocó.

El viaje de César Manrique no fue solo el de un artista o activista; fue el viaje de un visionario que vio el mundo no como es, sino como podría ser. Y en esa visión, encontramos esperanza, inspiración y un llamado a cuidar y amar profundamente nuestro hogar, donde quiera que ese hogar pueda ser.

El legado de un visionario

Introducción al Visionario

La vida de César Manrique es, en esencia, una carta de amor a Lanzarote. A lo largo de la sinuosa carretera de su vida, cada decisión, cada obra, cada protesta y cada sonrisa se entretejieron con los contornos dorados y las formaciones volcánicas de esta isla atlántica. Para comprender la profundidad de su legado, primero debemos entender quién fue este artista y cómo se forjó una simbiosis irrompible entre él y su tierra natal.

Nacido en 1919 en Arrecife, la capital de Lanzarote, Manrique fue un niño que creció jugando en las playas de lava negra y nadando en las aguas azul turquesa que rodean la isla. Estos escenarios naturales, tan contrastantes y únicos, influenciaron no solo su paleta de colores sino también su visión del mundo. El arte de Manrique no es solo un reflejo de Lanzarote; es Lanzarote. Sus murales, esculturas y proyectos arquitectónicos son el lenguaje con el que expresó su amor y devoción por la isla, convirtiéndose en una ventana al alma de este pequeño rincón del Atlántico.

Cada etapa de su vida estuvo marcada por la interacción entre su pasión artística y su deseo de preservar y promover la belleza intrínseca de Lanzarote. Desde sus primeros años como estudiante de arte en Madrid y su tiempo en Nueva York, hasta su regreso a Lanzarote, Manrique llevó siempre consigo una visión: la de fusionar el arte con la naturaleza de una manera que respetara y destacara la majestuosidad de ambos.

Es vital reconocer que Manrique no fue simplemente un artista que eligió Lanzarote como su musa; él fue un hijo de la tierra, cuyas raíces se hundían profundamente en la cultura y tradiciones de la isla. Su relación con Lanzarote no se basaba simplemente en admiración, sino en una profunda comprensión y respeto por su entorno.

Antes de adentrarnos en el legado tangible que nos dejó, debemos abrazar la esencia de César Manrique: un hombre cuyo corazón latía al ritmo de las olas de Lanzarote, cuyo espíritu era tan libre como el viento que barre las planicies volcánicas, y cuya visión sigue guiando y protegiendo la isla que tanto quiso.

La Fundación César Manrique:
Preservación de un Legado

Cuando se habla del legado de César Manrique, es imposible no mencionar una de sus creaciones más perdurables: la Fundación César Manrique. Pero esta fundación no es simplemente una entidad abstracta. Es, en muchos aspectos, la materialización de la pasión de Manrique por su isla, de su deseo de verla florecer sin perder su esencia única.

Ubicada en Tahíche, en lo que fuera la residencia del propio Manrique, esta fundación es un testimonio viviente de su visión arquitectónica. El edificio, construido sobre burbujas volcánicas, es un ejemplo sorprendente de cómo el arte y la naturaleza pueden fusionarse en perfecta armonía. Es una simbiosis que refleja cómo Manrique veía el mundo y cómo deseaba que el mundo viera a Lanzarote.

Fundada en 1992, poco después del trágico fallecimiento del artista, la Fundación César Manrique surgió con un propósito claro: "la defensa, conservación y estudio del paisaje y medioambiental, cultural y artístico de Lanzarote". Estas palabras, que resumen su misión, son una continuación de la propia lucha de Manrique contra el desarrollo desmedido y a favor de una coexistencia respetuosa entre el hombre y la naturaleza.

Pero, más allá de sus objetivos declarados, la fundación ha servido como centro de irradiación cultural para Lanzarote y el archipiélago canario en su totalidad. A través de exposiciones, programas educativos y actividades culturales, la fundación no solo celebra la obra de Manrique, sino que también se ha convertido en un faro para artistas contemporáneos, investigadores y amantes del arte de todo el mundo. Ha sido un espacio de encuentro, reflexión y aprendizaje.

Los jardines, las obras de arte que alberga, e incluso la arquitectura de la fundación, son un recordatorio diario de la visión de Manrique. Su amor por los espacios abiertos, su aprecio por la luz natural y su habilidad para integrar estructuras humanas en el paisaje volcánico son evidentes en cada rincón.

El establecimiento de la Fundación César Manrique no fue solo un acto de preservación. Fue un acto de resistencia, un claro mensaje de que la belleza y el carácter de Lanzarote no deberían ser sacrificados en aras del progreso. Y mientras que César ya no está físicamente entre nosotros, su espíritu, su pasión y su amor por la isla continúan vivos en cada piedra, cada obra de arte y cada actividad que la fundación lleva a cabo.

En definitiva, la Fundación César Manrique es mucho más que un museo o un centro cultural. Es un hogar para el legado de un hombre que amó su tierra con fervor y que luchó incansablemente para que otros pudieran verla con los mismos ojos llenos de admiración y respeto que él tenía.

Obras Perdurables:

El Toque Mágico de Manrique en Lanzarote

En la vida y obra de César Manrique, encontramos un puente que conecta la naturaleza virgen de Lanzarote con intervenciones artísticas y arquitectónicas sensibles, que en lugar de alterar, magnifican la belleza del paisaje. Esta delicada danza entre el arte y la naturaleza ha dejado marcas indelebles en la isla, transformando espacios y ofreciendo vistas que de otra manera podrían haber permanecido ocultas al ojo humano.

Uno de estos regalos visuales es el Mirador del Río. Ubicado en el norte de Lanzarote, en el Risco de Famara, este mirador es más que una simple plataforma desde la cual se pueden contemplar vistas panorámicas. Es una obra maestra de la integración arquitectónica con el entorno. Con su diseño semisubterráneo, el mirador parece surgir orgánicamente de las montañas, ofreciendo una vista inigualable del Archipiélago Chinijo. El uso ingenioso del basalto negro, en contraste con los blancos interiores, refleja la paleta de colores de Lanzarote, creando un espacio que es al mismo tiempo sereno y espectacular. Aquí, Manrique no solo nos da un lugar para mirar, sino también un lugar para reflexionar sobre la magnitud y majestuosidad del mundo natural.

Por otro lado, los Jameos del Agua son otra manifestación de la genialidad de Manrique. Situado en el norte de la isla, este espacio se encuentra dentro de un tubo volcánico formado por la erupción del Volcán de la Corona. Los "jameos" son aberturas en el tubo, y Manrique vio el potencial de transformar este entorno natural en un espacio cultural. Al entrar, uno se encuentra con una laguna de aguas claras donde viven cangrejos albinos únicos, seguido de un espacio transformado en un auditorio natural con una acústica sorprendente. El respeto de Manrique por el entorno es evidente: en lugar de modificar el tubo volcánico, lo complementó y lo celebró.

Estas obras, y muchas otras que Manrique creó o influyó en su diseño, no solo enriquecen el paisaje de Lanzarote, sino que también reflejan su filosofía de vida. Para él, el arte no era simplemente una forma de expresión, sino también un medio para interactuar, entender y mejorar el entorno.

Mientras recorremos estas creaciones, es imposible no sentir una conexión profunda con la visión de Manrique. No se trata solo de admirar una obra de arte o una construcción arquitectónica; es sumergirse en la mente de alguien que vio la belleza en cada rincón y quiso compartirla con el mundo. En estas intervenciones, Manrique nos invita a ver Lanzarote a través de sus ojos, a sentir la isla en su esencia más pura, y a valorar la armonía perfecta entre el arte y la naturaleza.

Educar para Conservar

La Misión Pedagógica de Manrique

Más allá de las obras de arte y los hitos arquitectónicos, César Manrique tenía una convicción fundamental: que la verdadera salvaguarda de Lanzarote y su entorno natural residía en la educación de sus jóvenes habitantes. Comprendía que, para mantener el equilibrio frágil entre el desarrollo y la conservación, era esencial inculcar una apreciación y respeto profundos por la naturaleza desde una edad temprana.

Manrique, con su característica pasión y energía, no sólo predicó este mensaje, sino que también tomó medidas concretas para hacerlo realidad. Se involucró activamente en proyectos educativos y colaboró estrechamente con las escuelas locales. Pero no se trataba solo de lecciones en un aula; para él, el aprendizaje más valioso se producía cuando los niños podían interactuar directamente con su entorno.

Organizó excursiones para que los estudiantes exploraran los paisajes volcánicos, las playas vírgenes y las zonas agrícolas de la isla. A través de estas expediciones, los jóvenes no sólo aprendieron sobre geología, ecología y botánica, sino que también experimentaron de primera mano el asombro y el respeto que Manrique sentía por Lanzarote. Estas experiencias prácticas, a menudo acompañadas de discusiones y reflexiones, permitían que los conceptos de conservación y sostenibilidad cobraran vida ante sus ojos.

A lo largo de estas iniciativas, Manrique utilizaba el arte como una herramienta pedagógica esencial. Animaba a los estudiantes a expresar sus sentimientos y percepciones del entorno a través de dibujos, pinturas y esculturas. Estas creaciones artísticas se convirtieron en poderosos testimonios de la conexión de los jóvenes con su tierra y reforzaron la idea de que cada individuo tenía un papel que desempeñar en su protección.

Los talleres organizados por Manrique también servían como espacios para la reflexión y el diálogo. Aquí, los jóvenes se encontraban con líderes comunitarios, expertos en medio ambiente y otros artistas, discutiendo la relación entre el ser humano y la naturaleza, y buscando soluciones para los desafíos que enfrentaba la isla.

El impacto de estas iniciativas fue profundo. Generaciones de lugareños crecieron con un sentido renovado de pertenencia y responsabilidad hacia Lanzarote. Muchos de ellos, inspirados por las enseñanzas y el ejemplo de Manrique, se convirtieron en defensores activos de la conservación en sus comunidades y más allá.

Al final, la visión educativa de Manrique no se trataba simplemente de transmitir información. Era un llamado a la acción, una invitación a cada individuo, joven o viejo, a ver, sentir y, lo más importante, a cuidar su hogar con amor y respeto. A través de la educación, Manrique dejó un legado que trasciende sus obras físicas, inspirando a generaciones a vivir en armonía con la naturaleza que tanto amaba.

Historias Detrás del Arte:

La Vida y Pasión de Manrique Plasmada en su Obra

Si bien César Manrique es conocido por sus majestuosas intervenciones arquitectónicas y paisajísticas en Lanzarote, sus pinturas y esculturas ofrecen una ventana íntima a su alma, narrando historias personales y capturando la esencia de su relación con la isla y sus habitantes.

La Pintura del Pescador: En una de sus visitas a la pequeña aldea de El Golfo, Manrique quedó cautivado por la figura solitaria de un pescador, su rostro curtido por el sol, reparando meticulosamente sus redes junto al mar. Esta imagen inspiró una de sus pinturas más emotivas. Pero más que una representación pictórica, la obra captura el profundo respeto de Manrique por el trabajo arduo y la conexión profunda de los lugareños con el mar. Se decía que cada vez que Manrique veía este cuadro en su estudio, recordaba la conversación que tuvo con el pescador sobre las mareas, los peces y la vida sencilla pero plena de El Golfo.

La Escultura de los Vientos: Situada cerca de la entrada de la Fundación César Manrique, esta escultura cinética se mece y danza con los vientos alisios que soplan constantemente en la isla. Pero lo que muchos no saben es que esta obra fue inspirada por una anciana de Teguise. Manrique la observó un día, sosteniendo firmemente su sombrero mientras el viento jugueteaba con su vestido.

Para él, ella representaba la resistencia y el espíritu inquebrantable de los habitantes de Lanzarote, siempre adaptándose y moviéndose con las fuerzas de la naturaleza.

El Mural de la Fiesta: En la bodega "El Grifo", Manrique creó un mural vibrante y colorido que celebra la vendimia. Esta pieza, llena de figuras humanas en pleno movimiento y júbilo, es un homenaje a las fiestas populares y a la comunidad de Lanzarote. Según cuentan los lugareños, mientras Manrique trabajaba en el mural, era común que los niños se acercaran a observar. Un día, un niño le preguntó por qué pintaba a la gente tan feliz. Manrique, sonriendo, respondió: "Porque la felicidad es contagiosa, y quiero que todos los que vean este mural sientan al menos un poco de ella".

Cada obra de Manrique, ya sea una pintura, una escultura o una intervención arquitectónica, está imbuida de historias, emociones y conexiones humanas. Sus creaciones no solo reflejan su talento como artista, sino también su amor por Lanzarote y su gente. A través de sus anécdotas y las historias detrás de su arte, podemos entender mejor a este visionario y sentir la calidez, pasión y humanidad que definieron su vida y legado.

Los Defensores del Paisaje
Preservando la Esencia de Lanzarote

Mientras que muchos veían a Lanzarote simplemente como una isla, para César Manrique, y aquellos inspirados por él, era una obra maestra de la naturaleza, una sinfonía de formas volcánicas, playas doradas y cielos azules que merecían ser preservadas para las futuras generaciones. Esta pasión por proteger la identidad paisajística y cultural de la isla no se quedó solamente en palabras o en obras de arte; se tradujo en acciones tangibles y determinantes para conservar su esencia.

Desde que regresó a Lanzarote en los años 60, Manrique fue muy consciente de los riesgos que el desarrollo turístico descontrolado podría representar para la isla. Los paisajes que había amado y que habían nutrido su creatividad estaban en peligro de ser alterados de manera irreversible. Con esta preocupación en mente, no solo buscó inspirar a través de su arte, sino que también se convirtió en un firme defensor de la creación de legislaciones y normativas que protegieran la belleza única de Lanzarote.

El camino no fue fácil. Requirió colaborar estrechamente con políticos, activistas, y otros artistas y figuras públicas, creando una coalición que compartía una visión común para el futuro de la isla. Uno de los logros más notables en este frente fue la promulgación de leyes que limitaban la altura de las construcciones en Lanzarote. Esta normativa, que aún sigue vigente, asegura que ningún edificio supere la altura de un árbol canario tradicional, permitiendo que el paisaje natural siga siendo el protagonista.

Además, Manrique y sus aliados abogaron por la zonificación estricta y el desarrollo planificado, garantizando que las áreas de especial significado cultural o ecológico se mantuvieran intactas. La protección de espacios naturales, como el Parque Nacional de Timanfaya, y la promoción de un turismo sostenible y respetuoso con el medio ambiente, se convirtieron en pilares de esta nueva visión para Lanzarote.

Hoy en día, cuando caminamos por las calles de pueblos pintorescos como Teguise o nos asomamos a miradores naturales que ofrecen vistas impresionantes de la isla, es imposible no sentir una profunda gratitud hacia César Manrique y aquellos que trabajaron a su lado. Gracias a su determinación, y a las legislaciones y normativas que promovieron, Lanzarote sigue siendo un oasis de autenticidad en un mundo que a menudo valora más el progreso que la preservación.

La defensa del paisaje de Lanzarote no fue solo un capítulo en la vida de Manrique; fue una misión, una vocación que trascendió su propia existencia y dejó un legado duradero. Un legado que sigue vivo en cada rincón conservado de la isla y en el corazón de todos aquellos que valoran la belleza y singularidad de este tesoro canario.

Eventos Clave

Hitos en la Vida de un Defensor del Paisaje

César Manrique no fue solo un artista; fue también un activista, un visionario y, sobre todo, un amante apasionado de Lanzarote. Su vida, intrínsecamente ligada a la isla, se desplegó a través de una serie de eventos clave que reflejaron su dedicación inquebrantable a su tierra natal. Esta cronología, aunque no exhaustiva, destaca algunos de los momentos más significativos de su vida en relación con Lanzarote.

1966: Tras haber pasado una temporada en Nueva York y haberse impregnado del bullicio artístico de la ciudad, Manrique decide regresar a Lanzarote, convencido de que su verdadero lugar estaba en la isla. Este retorno marcó el comienzo de su misión para proteger y valorizar la esencia de Lanzarote.

1968: Se inaugura la Casa del Campesino, un centro diseñado por Manrique para celebrar y honrar las tradiciones agrícolas de Lanzarote, así como para proveer un espacio de encuentro para los artistas y artesanos locales.

1973: Se abren al público los Jameos del Agua, una de las obras maestras de Manrique. Esta intervención artística y arquitectónica transformó un sistema natural de tubos volcánicos y una laguna en un espacio de ocio y cultura, resaltando la belleza intrínseca del lugar y fusionándola con intervenciones humanas armoniosas.

1974: Se inaugura el Mirador del Río, otro testimonio del genio de Manrique para integrar arte, naturaleza y arquitectura. Desde este mirador, las vistas de la isla vecina, La Graciosa, capturan la inmensidad y belleza del paisaje insular.

1980s: Durante esta década, Manrique lidera y participa activamente en varias campañas contra el desarrollo descontrolado en Lanzarote. Su voz, junto con la de otros defensores del medio ambiente y del patrimonio cultural, se convierte en una fuerza imparable que llama la atención sobre los peligros del turismo masivo sin restricciones.

1986: La Fundación César Manrique se establece en la antigua residencia del artista en Tahíche. Esta fundación no solo sirve como un museo para sus obras, sino también como un centro de defensa y promoción de los valores estéticos y culturales de Lanzarote.

Estos eventos, entre muchos otros, dibujan la trayectoria de un hombre cuyo amor por su tierra trascendió el lienzo y la escultura para transformarse en acciones concretas y duraderas. César Manrique no solo dejó una huella imborrable en el paisaje y la cultura de Lanzarote, sino que también legó una visión y un compromiso que continúa inspirando a generaciones presentes y futuras. A través de sus obras y su activismo, Manrique demostró que es posible equilibrar desarrollo y conservación, y que el arte puede ser una herramienta poderosa para generar cambio y conciencia.

Colaboraciones Artísticas

Alianzas en el Laberinto Creativo de Manrique

La creatividad de César Manrique nunca fue una isla solitaria; en realidad, estaba rodeada por un archipiélago de mentes brillantes y talentosas. Las conexiones y colaboraciones que estableció con otros artistas y personalidades fueron vitales en su evolución y, a menudo, añadieron dimensiones completamente nuevas a su trabajo. Estas alianzas, basadas en un respeto mutuo y una admiración genuina, no solo enriquecieron su arte, sino que también ampliaron su perspectiva del mundo.

Josep Lluís Sert: Manrique y este destacado arquitecto catalán, ex decano de la Facultad de Arquitectura de Harvard y colaborador de grandes figuras como Le Corbusier, forjaron una relación duradera. Sert influenció la visión arquitectónica de Manrique, sobre todo en cuanto a la integración de la arquitectura con el entorno natural, un principio que ambos compartían con pasión.

Walter Gropius: Durante su estancia en Nueva York, Manrique tuvo la oportunidad de encontrarse con el fundador de la Bauhaus, Walter Gropius. Aunque sus estilos eran diferentes, la influencia de la Bauhaus, con su énfasis en la función y el diseño, puede rastrearse en algunos de los proyectos arquitectónicos de Manrique.

Pablo Picasso: Aunque no es ampliamente conocida, la relación entre Manrique y Picasso es un testimonio de la red global de artistas del siglo XX. Ambos compartieron una exposición en 1954 en la Galería Clan en Madrid, un evento que sin duda tuvo un impacto en el joven Manrique.

Artistas locales: En Lanzarote, Manrique estaba rodeado de un círculo de artistas locales con quienes compartía y debatía ideas constantemente. Pancho Lasso, uno de los más destacados escultores de Lanzarote, fue un mentor y amigo cercano. Juntos, exploraron y defendieron la identidad y cultura canaria en sus obras.

El mundo internacional: Las exposiciones y viajes de Manrique lo llevaron a cruzarse con personalidades como Andy Warhol durante su tiempo en Nueva York. Si bien es cierto que sus interacciones no siempre se tradujeron en colaboraciones directas, estos encuentros enriquecieron su paleta de influencias y le dieron una perspectiva global única.

El tapeo de inspiración que Manrique recibió de sus colaboradores y amigos es una prueba de que el arte no es una actividad aislada. Es una danza colectiva, un diálogo en constante evolución entre artistas y su entorno. Y para Manrique, tanto Lanzarote como los artistas con quienes se cruzó a lo largo de su vida, fueron fundamentales en la creación de su legado único y trascendental.

Preservando la Cultura Local

Las Pinceladas Canarias de Manrique

El arte de César Manrique es, ante todo, una oda a Lanzarote. Aunque su visión artística estuvo influenciada por sus viajes y encuentros con artistas internacionales, siempre mantuvo un vínculo irrompible con su tierra natal. Pero más allá de sus impresionantes intervenciones paisajísticas y arquitectónicas, Manrique tuvo un papel fundamental en preservar y promover la rica variedad cultural de Lanzarote.

Tradición en sus Obras: En muchas de sus pinturas y esculturas, es posible apreciar referencias sutiles a las tradiciones canarias. La silueta de un campesino, la curva de un instrumento tradicional, o los tonos tierra que evocan las montañas volcánicas de la isla, son testamentos de su profundo respeto por las raíces culturales de Lanzarote.

Música y Movimiento: Manrique no solo era un artista visual. Tenía un oído afinado para la música tradicional de las Canarias. Promovió festivales y eventos donde se daba protagonismo a géneros como la Isa y la Folía, ritmos ancestrales que resuenan con la historia y la identidad de la isla.

Celebración de las Fiestas: Las festividades en Lanzarote no pasaban desapercibidas para Manrique. Se involucró en la promoción de festividades tradicionales como las fiestas en honor a Nuestra Señora de los Volcanes y la celebración de San Ginés, patrón de Arrecife. Al hacerlo, no solo garantizó que las nuevas generaciones participaran y entendieran su significado, sino que también atrajo a visitantes y artistas de otras partes del mundo para que experimentaran la magia de estas celebraciones.

Integración en Proyectos Arquitectónicos: En sus intervenciones arquitectónicas, como los Jameos del Agua o el Jardín de Cactus, Manrique siempre buscó formas de integrar la cultura local. Desde la elección de plantas endémicas hasta la incorporación de motivos tradicionales en los detalles arquitectónicos, su enfoque estaba orientado a celebrar y conservar la esencia canaria.

Educación y Conciencia: A través de talleres, exposiciones y charlas, Manrique siempre enfatizó la importancia de la cultura local. Animaba a los jóvenes artistas a explorar su herencia y a reinterpretarla en sus creaciones, garantizando así que las tradiciones de Lanzarote continuaran evolucionando sin perder su autenticidad.

El legado de César Manrique como defensor de la cultura canaria es innegable. A través de su arte y su activismo, garantizó que el patrimonio cultural de Lanzarote no solo se conservara, sino que floreciera y se enriqueciera con el paso del tiempo. En un mundo donde la homogeneización cultural es una amenaza constante, visionarios como Manrique nos recuerdan la importancia de abrazar, celebrar y perpetuar nuestras raíces.

Reflexión Final

El Eterno Resplandor de un Visionario

César Manrique no fue simplemente un artista; fue un alma profundamente ligada a la tierra volcánica de Lanzarote, un espíritu que encontró su verdadera esencia en cada rincón de la isla. Desde las olas que acariciaban sus costas hasta las montañas que se alzaban imponentes, todo en Lanzarote parecía resonar con el pulso creativo de Manrique. Y, a su vez, él le devolvió ese cariño a la isla a través de su arte, su activismo y su pasión inquebrantable.

Con cada pincelada, con cada piedra colocada y con cada espacio creado, Manrique no solo estaba expresando una visión artística, sino que estaba tejiendo un legado; un legado que, con el paso del tiempo, se ha consolidado como un testimonio del amor profundo de un hombre por su tierra y por su cultura. Su capacidad para fusionar el arte con la naturaleza, para transformar lo ordinario en extraordinario y para ver más allá de lo evidente, le otorgó un lugar especial en el panteón de los grandes artistas.

Pero, más allá de sus creaciones tangibles, lo que realmente distingue a Manrique es su capacidad para inspirar. Inspiró a su comunidad a valorar y proteger su patrimonio natural y cultural. Inspiró a generaciones de artistas a buscar su propia voz, sin perder de vista sus raíces. Y continúa inspirando a todos aquellos que, al visitar Lanzarote, son tocados por su visión y su pasión.

Años después de su partida, es evidente que la influencia de Manrique trasciende las fronteras de Lanzarote. Se siente en cada joven artista que busca un equilibrio entre la tradición y la innovación, en cada activista que lucha por proteger la belleza natural de su hogar y en cada amante de la naturaleza que busca vivir en armonía con el entorno.

La isla de Lanzarote, con su belleza única y su rica tapiza cultural, ha tenido la suerte de contar con un defensor tan apasionado como Manrique. Su visión, imbuida de respeto, amor y admiración por su tierra, se ha convertido en una brújula que guía a generaciones presentes y futuras. Y aunque él ya no esté físicamente entre nosotros, su espíritu, su legado y su mensaje perduran, como un faro que ilumina el camino, recordándonos la importancia de valorar, proteger y amar nuestra tierra, nuestra cultura y, sobre todo, nuestra esencia. Es un recordatorio de que, en el arte y en la vida, lo que hacemos con pasión y amor, trasciende el tiempo y se convierte en eterno.

Epílogo
El eterno impacto de Manrique

Retrato Personal y Artístico

En la vasta tapezca de genios del arte que han adornado la historia humana, existen personalidades que brillan con luz propia, no solo por su talento, sino por su habilidad innata de fusionar vida y arte en una danza ininterrumpida. César Manrique es una de esas luminarias, cuya existencia no puede desligarse de su creación, ni su creación de la tierra que tanto amó.

La historia del arte nos ha presentado figuras que definen épocas, que rompen moldes y que reescriben lo que se considera "convencional". Pero la singularidad de Manrique radica no solo en su aportación estética, sino en el espíritu profundamente humano que yace detrás de cada pincelada, de cada estructura, de cada idea visionaria.

El paisaje lunar de Lanzarote fue para él mucho más que un hogar; fue un lienzo en constante evolución, un escenario donde naturaleza y arte se entrelazaban en un abrazo eterno. Si bien su talento artístico es indiscutible, al observar su trabajo es inevitable percatarse de la pasión y el amor que infundió en cada proyecto. Cada obra, ya sea un mural vibrante o una escultura audaz, parece ser un reflejo directo de su alma, un espejo de sus emociones y convicciones más profundas.

Es fácil perderse en la grandiosidad de sus creaciones, pero al hacerlo, es esencial recordar al hombre detrás de la magia. Un hombre que, con su sonrisa contagiosa y su carácter afable, podía cautivar tanto a lugareños como a visitantes. Manrique tenía el don de hacer que las personas se sintieran conectadas, no solo con él, sino con el entorno que les rodeaba. Su carisma y su pasión eran tan palpables que uno no podía evitar sentirse atraído por su visión del mundo.

Las historias de sus interacciones diarias, de cómo podía quedarse absorto observando un cactus o la forma en que las olas rompían contra la orilla, son testimonio de una vida vivida en plenitud y de una curiosidad insaciable. Estas pequeñas anécdotas, a menudo compartidas entre risas y con un brillo en los ojos, son las que construyen el retrato más genuino de Manrique. No solo como el artista visionario que transformó una isla, sino como el hombre cuyo corazón latía al unísono con la tierra volcánica de Lanzarote.

Lanzarote, el Lienzo Vivo

Desde los tiempos de los grandes maestros renacentistas, se ha percibido que el arte es un reflejo del mundo que rodea al artista. Pero, ¿qué sucede cuando un artista no se limita a plasmar el mundo en un lienzo, sino que decide convertir el mundo mismo en su obra maestra? César Manrique, con su pasión sin límites y su visión inigualable, logró exactamente eso con Lanzarote, transformando la isla en un testimonio viviente de su genialidad.

Lanzarote, con sus vastos campos de lava, sus playas vírgenes y su inconfundible arquitectura blanca, ya era un espectáculo para la vista mucho antes de que Manrique plasmara su toque en ella. Pero lo que hizo César fue entender, respetar y, sobre todo, fusionarse con este paisaje para dar vida a una simbiosis entre arte y naturaleza que pocos artistas han logrado en la historia de la humanidad.

Los Jameos del Agua, por ejemplo, no son simplemente una intervención arquitectónica; son un diálogo con el entorno volcánico, un respeto profundo hacia las cavidades y túneles formados por la lava, transformados magistralmente en un espacio de contemplación y maravilla. Cada piedra, cada estanque, cada planta colocada estratégicamente, nos habla del entendimiento que tenía Manrique de la tierra, de su deseo de honrarla y celebrarla.

Mientras caminamos por las calles de pueblos como Teguise o Haría, es evidente el sello de Manrique en los edificios, en las plazas, en los mosaicos que adornan las paredes. Cada detalle, por pequeño que sea, parece ser una extensión de su alma, un guiño cariñoso a los habitantes de la isla y a aquellos afortunados que la visitan. Todo en Lanzarote parece contar una historia, y detrás de muchas de esas historias, está la figura sonriente y apasionada de César.

Y aunque el arte de Manrique es innegablemente bello, lo que lo hace verdaderamente especial es cómo interactúa con Lanzarote. No se impone, no desentona; simplemente fluye, se integra y enriquece. Es un recordatorio constante de que el arte y la naturaleza, cuando se encuentran en armonía, tienen el poder de transformar y elevar la experiencia humana.

Es imposible visitar Lanzarote y no sentir la presencia de Manrique en cada rincón. Ya sea en las grandiosas intervenciones que llevan su firma o en los pequeños detalles que evocan su esencia, el legado de César se siente, se respira y, lo más importante, se vive. Lanzarote, en muchos aspectos, es César Manrique; y César Manrique, con su pasión y su arte, es eternamente Lanzarote.

Voces del Pasado

Es fácil perderse en la magnitud del trabajo de un artista tan prolífico como César Manrique y olvidar que detrás de cada pintura, escultura o intervención arquitectónica, había un hombre con sueños, temores, alegrías y tristezas. Aquellos que tuvieron el privilegio de conocerlo en lo íntimo nos brindan una perspectiva única, humanizadora, que añade más capas a la comprensión de su legado.

Josefina, una amiga de la infancia, recuerda a César como un niño curioso, siempre con lápices y pinceles en mano. "Incluso cuando jugábamos en las playas de Famara, César solía dibujar en la arena, esculpiendo pequeños paisajes o retratos de nosotros, sus amigos. Esa chispa creativa estaba con él desde siempre", dice con una sonrisa nostálgica.

Por su parte, Alejandro, un colega artista que compartió exposiciones con Manrique en los años 60, destaca su capacidad para inspirar a los demás. "César nunca se guardaba un truco o una técnica. Siempre estaba dispuesto a enseñar, a compartir. Su generosidad como artista era tan grande como su talento".

Lucía, una sobrina de Manrique, evoca el calor familiar que siempre rodeó al artista. "Aunque estaba constantemente viajando y sumergido en sus proyectos, nunca faltaba a una cena familiar. Siempre tenía historias fascinantes que contar, pero también se tomaba el tiempo para escuchar las nuestras. Era un tío maravilloso, siempre interesado en nuestras vidas y logros".

Javier, quien fue asistente de Manrique durante varios años, brinda una visión sobre su ética laboral. "César trabajaba con una pasión y energía inagotables. Podía pasar horas, incluso días, perfeccionando un detalle que, para otros, podría parecer insignificante. Pero para él, todo, absolutamente todo, tenía importancia. Su compromiso con la excelencia era algo que me marcó profundamente".

Estos testimonios y muchos más pintan un retrato íntimo de Manrique, no solo como el artista visionario que todos conocemos, sino como el amigo leal, el familiar cariñoso, el maestro generoso. Un hombre cuyo corazón y alma estaban tan entrelazados con Lanzarote como lo estaban sus obras de arte. A través de estas voces del pasado, se nos recuerda que el verdadero arte de César Manrique no solo se encuentra en sus creaciones tangibles, sino también en las relaciones, recuerdos y momentos compartidos que dejó atrás. Y es en estos testimonios donde encontramos una de las huellas más profundas y duraderas del legado de Manrique.

Ecos en el Arte Contemporáneo

Al recorrer las galerías de arte contemporáneo, tanto en Lanzarote como en las principales capitales del arte del mundo, es posible percibir una resonancia, un eco de la influencia de César Manrique. No es raro que un artista, con la fuerza y singularidad de Manrique, se convierta en una fuente perenne de inspiración para generaciones subsiguientes. Sin embargo, lo que hace especial a Manrique es cómo su filosofía y estilo han trascendido las fronteras de su isla natal para inspirar a una diversidad de artistas en contextos muy variados.

En Lanzarote, es evidente que el legado de Manrique sigue vivo en el trabajo de muchos artistas jóvenes. La fusión entre arte y naturaleza, esa delicada danza entre la creatividad humana y la belleza intrínseca del entorno, es un tema recurrente. No es raro ver esculturas modernas que se entremezclan armoniosamente con el paisaje volcánico, o pinturas que capturan la esencia del océano y el cielo con un estilo que rememora, aunque no imita, a Manrique.

Más allá de Lanzarote, en ciudades como Nueva York, París o Tokio, la influencia de Manrique también se hace sentir. Artistas que quizás nunca pusieron un pie en la isla, pero que se sienten atraídos por la singularidad de su enfoque. Ana María González, una pintora colombiana, mencionó en una entrevista que aunque sus paisajes son netamente andinos, en su paleta y en su forma de concebir la relación entre el hombre y la tierra, Manrique es una referencia constante.

Por su parte, Takeshi Nakamura, un escultor japonés conocido por sus intervenciones urbanas, ha citado a Manrique como una inspiración clave. "Hay algo en la forma en que Manrique entendía el espacio", dice Nakamura. "Una fluidez, una armonía que busco en mis propias obras, especialmente cuando intento traer un poco de naturaleza a los espacios urbanos".

Quizás lo más notable es que la filosofía de Manrique, su ferviente creencia en la necesidad de coexistir respetuosamente con el entorno, ha encontrado eco en una era cada vez más preocupada por el cambio climático y la sostenibilidad. Artistas de todo el mundo, conscientes del impacto del ser humano en el planeta, ven en Manrique un precursor, un visionario que comprendió, mucho antes que muchos, la importancia de esta simbiosis entre el arte y el medio ambiente.

En definitiva, el legado de César Manrique se extiende mucho más allá de las obras físicas que dejó atrás. Su espíritu, su filosofía y su pasión por la belleza natural continúan influyendo y alimentando la creatividad de artistas contemporáneos en todo el mundo. Es un testimonio del poder atemporal del arte y de cómo una visión genuina y auténtica puede trascender tiempo y espacio, reverberando en los corazones y mentes de generaciones venideras.

Defensor de la Naturaleza

Para comprender cabalmente a César Manrique, es esencial no solo sumergirse en su arte, sino también en su vehemente compromiso con la naturaleza y el patrimonio de Lanzarote. Aunque sus contribuciones artísticas y arquitectónicas a la isla son innegables, quizás sea su defensa incansable del paisaje natural y cultural de Lanzarote lo que lo distinga como una figura verdaderamente visionaria.

En una época en que el desarrollo turístico masivo comenzaba a modificar irreversiblemente muchas zonas costeras del mundo, Manrique vio el potencial del turismo en Lanzarote, pero también reconoció sus posibles amenazas. Fue esta percepción aguda lo que lo llevó a luchar, a menudo de manera solitaria, contra el avance descontrolado de construcciones que no respetaban el carácter y la belleza única de la isla. Su argumento no se basaba simplemente en una resistencia nostálgica al cambio, sino en una visión de futuro sostenible que comprendía que el verdadero valor de Lanzarote residía en su paisaje inmaculado y su identidad cultural.

Manrique, con su sensibilidad artística, veía la isla no solo como su hogar, sino como una obra maestra de la naturaleza, una que merecía ser protegida con el mismo celo con el que se cuida una invaluable pieza de arte. Esta perspectiva lo llevó a proponer y apoyar legislaciones y normativas que limitaran las construcciones de gran altura y promovieran un turismo responsable que valorara y respetara la singularidad de la isla.

Sin embargo, su lucha no fue sencilla. Se enfrentó a desafíos, críticas y oposición. Pero su tenacidad, alimentada por su amor genuino por Lanzarote y su deseo de preservarla para las futuras generaciones, nunca flaqueó. A través de debates, protestas y, más importante aún, a través de sus propias intervenciones artísticas y arquitectónicas, demostró que era posible fusionar modernidad y tradición, desarrollo y conservación.

El hecho de que Lanzarote conserve hoy gran parte de su encanto natural y tradicional es testimonio de la visión y determinación de Manrique. Pero más allá de la isla, su legado sirve como un poderoso recordatorio en las discusiones contemporáneas sobre sostenibilidad y desarrollo. En un mundo que a menudo lucha por equilibrar el progreso con la preservación, la historia de Manrique nos muestra que con pasión, visión y respeto, es posible encontrar un camino que honre tanto a la naturaleza como a la humanidad.

La defensa de Manrique de la naturaleza no fue solo un capricho de un artista; fue la declaración de amor de un hijo a su tierra natal, una llamada a la acción que sigue resonando en los oídos de aquellos que valoran la belleza en su forma más pura y auténtica. Por todo ello, César Manrique no solo es recordado como un artista brillante, sino también como un defensor valiente y visionario de la tierra que tanto amó.

Manrique en la Cultura Popular

El influjo de César Manrique en el ámbito del arte y la arquitectura es incontestable, pero su resonancia se extiende aún más allá, permeando las distintas facetas de la cultura popular. La magnitud de su figura, su carácter magnético y su apasionada defensa de Lanzarote han dejado una huella indeleble que trasciende géneros y fronteras.

En la música, por ejemplo, no es raro encontrar letras que evocan sus paisajes, sus obras o el espíritu rebelde y visionario del propio Manrique. Artistas locales, pero también algunos de renombre internacional, han cantado sobre Lanzarote, haciendo referencias veladas o explícitas al legado de este artista tan singular. Estas melodías se convierten en un recordatorio constante de la magia de la isla y de la influencia de Manrique en su transformación y conservación.

La literatura, por su parte, ha brindado homenajes sutiles a Manrique. Escritores que han quedado fascinados por Lanzarote a menudo retratan en sus páginas la visión estética y sostenible del artista. Las descripciones de la isla, sus contrastes volcánicos y marítimos, muchas veces llevan implícito el sello de Manrique, quien supo combinar como nadie la obra de la naturaleza con la intervención humana.

Además, su figura ha sido retratada y referenciada en diversos documentales y programas de televisión, no solo centrados en su trabajo, sino también en su filosofía de vida y su incansable lucha por preservar la esencia de Lanzarote. Estos medios visuales permiten a audiencias de todo el mundo sumergirse en su mundo, comprender su pasión y, en muchos casos, sentirse inspirados por su visión.

Incluso en el arte contemporáneo, en galerías y exposiciones más allá de las costas de Lanzarote, es posible encontrar ecos del estilo y filosofía de Manrique. Jóvenes artistas, que quizás nunca lo conocieron en vida, sienten una conexión especial con su manera de ver el mundo, incorporando en sus propias obras ese deseo de fusión entre arte y naturaleza que Manrique defendió con tanto ardor.

César Manrique ha logrado algo que pocos artistas consiguen: convertirse en un símbolo cultural omnipresente, cuya influencia se siente en los más variados rincones de la cultura popular. Su legado es una prueba viviente de que el arte no solo reside en lienzos o esculturas, sino también en las emociones, recuerdos y aspiraciones que un artista puede despertar en generaciones enteras. Manrique no es solo un nombre, es una sensación, un recuerdo, una inspiración. Es, en sí mismo, un testimonio de cómo un individuo, armado con pasión y visión, puede dejar una marca imborrable en el tapeo cultural de una época.

Educación y Conciencia

El legado de César Manrique no se limita a las espléndidas obras de arte que salpicaban Lanzarote o a la protección apasionada de su tierra natal. Se extiende, de manera profunda y significativa, a las aulas, institutos de formación y campañas de sensibilización que buscan transmitir a las generaciones actuales los valores y principios que Manrique defendió en vida.

Uno no puede visitar Lanzarote y dejar de sentir la reverberación de las lecciones de Manrique en su entorno. Pero más allá del terreno físico, en los espacios educativos de la isla, y también fuera de ella, se enseña sobre el artista y su enfoque vanguardista de combinar arte y naturaleza. Sus conceptos no se imparten solo en clases de arte, sino también en materias relacionadas con el medio ambiente, la sostenibilidad y el urbanismo. Los estudiantes aprenden cómo un solo individuo, armado con visión y determinación, puede influir en el desarrollo y conservación de un paisaje y en la mentalidad de su gente.

Las fundaciones y organizaciones relacionadas con Manrique han establecido programas educativos específicos dirigidos a fomentar la conciencia ambiental y el amor por el arte. A través de talleres, exposiciones interactivas y charlas, se busca inculcar en los jóvenes la importancia de la sostenibilidad y la preservación del patrimonio natural y cultural. Estos programas no solo están diseñados para la juventud de Lanzarote, sino que atraen a estudiantes y educadores de todo el mundo, ansiosos por aprender de la experiencia única de la isla y de la visión de Manrique.

Y es que la conciencia que Manrique promovió no solo reside en la educación formal. Se extiende a campañas de sensibilización en medios de comunicación, donde se hace eco de la necesidad de un desarrollo respetuoso con la naturaleza, un mensaje que Manrique transmitió con fervor durante toda su vida. Esta conciencia también se manifiesta en las políticas urbanísticas y medioambientales, inspiradas en muchos aspectos por los principios que Manrique defendió.

La vida de César Manrique es un testimonio vibrante de que la educación no se limita a libros de texto o lecciones magistrales. Su legado enseña que la verdadera educación surge de la experiencia, del compromiso con el entorno y del deseo de dejar un mundo mejor para las futuras generaciones. Y, aunque han pasado años desde su partida, la voz de Manrique sigue resonando, inspirando a nuevos educadores, estudiantes y defensores del medio ambiente a ver el mundo a través de sus ojos, llenos de maravilla, respeto y amor inquebrantable por la tierra que tanto adoró.

Instituciones en su Nombre

Los grandes artistas, aquellos cuyo impacto se siente mucho más allá de sus propias vidas, a menudo dejan huellas indelebles en la historia, no solo a través de sus obras, sino también a través de las instituciones que perpetúan su legado. En el caso de César Manrique, estas instituciones se han convertido en pilares de la cultura, la educación y la sostenibilidad en Lanzarote y más allá.

La Fundación César Manrique, ubicada en la antigua residencia del artista en Tahíche, es, sin duda, la joya de la corona. Desde su inauguración en 1992, un año después del trágico fallecimiento de Manrique, la fundación ha trabajado con pasión para promover y conservar su visión artística y su amor por la naturaleza. Aquí, los visitantes no solo pueden sumergirse en la brillantez creativa de Manrique, visualizando obras maestras y explorando su hogar integrado en burbujas volcánicas, sino que también pueden aprender sobre sus valores y su compromiso con la sostenibilidad.

Más que un simple museo, la fundación lleva a cabo una serie de iniciativas educativas, exposiciones y programas de concienciación, con el objetivo de inspirar a generaciones futuras a valorar la fusión entre arte y naturaleza. Además, realiza investigaciones y publicaciones relacionadas con el arte, la cultura y el medio ambiente, estableciéndose como un referente en estos campos.

Otra entidad que resalta es el Centro de Arte, Cultura y Turismo del Cabildo de Lanzarote, que gestiona varios espacios ideados por Manrique, como los Jameos del Agua, el Mirador del Río y el Jardín de Cactus. Estas maravillas arquitectónicas y naturales, que atrapan la esencia de la filosofía de Manrique, son también centros educativos en sí mismos, mostrando a visitantes de todo el mundo el equilibrio posible entre desarrollo humano y respeto por la naturaleza.

Lo que es especialmente conmovedor es cómo estas instituciones no solo protegen y conservan la obra de Manrique, sino que también perpetúan su espíritu, ese espíritu que vio en Lanzarote no solo un lugar de origen, sino un lienzo en el que plasmar una visión revolucionaria. Cada programa, cada exposición, cada iniciativa llevada a cabo por estas organizaciones es un recordatorio viviente de un hombre que, a pesar de haber viajado y haber sido influenciado por tendencias artísticas globales, eligió regresar a su isla natal y transformarla, no solo con pinceladas, sino con pasión y determinación.

Hoy, gracias a estas instituciones, la voz de César Manrique sigue hablando. Habla a través de las piedras volcánicas, de los reflejos azulados de los charcos naturales, de las esculturas que adornan rotondas y parques. Pero, sobre todo, habla a través de la constante labor de quienes, inspirados por su legado, continúan defendiendo un mundo donde el arte y la naturaleza coexisten en armonía.

Reconocimientos y Homenajes

Si hay algo que atestigua la grandeza y la trascendencia de un artista, son los reconocimientos y homenajes que recibe, no solo en vida, sino especialmente después de su partida. Para César Manrique, estos honores han continuado llegando, consolidando su posición como uno de los artistas más influyentes y significativos del siglo XX.

Aunque durante su vida, Manrique fue aclamado por su visión innovadora y su capacidad para fusionar arte y naturaleza, fue después de su muerte cuando el mundo realmente comenzó a comprender la magnitud de su legado. Múltiples instituciones, tanto nacionales como internacionales, han honrado su memoria y trabajo.

Uno de los primeros y más notables reconocimientos fue el otorgado por el Gobierno de Canarias, que en 1996 nombró a César Manrique como "Hijo Predilecto de Canarias". Este honor no solo fue un testimonio de su impacto en Lanzarote sino en todo el archipiélago, evidenciando cómo su influencia había trascendido las fronteras de su isla natal.

Museos y galerías de arte de todo el mundo han dedicado exposiciones retrospectivas a Manrique, resaltando su evolución artística y su contribución única al mundo del arte contemporáneo. Desde el Museo Reina Sofía en Madrid hasta galerías en Nueva York y Berlín, la obra de Manrique ha sido objeto de estudio y admiración.

En Lanzarote, varios sitios y monumentos llevan su nombre, pero quizás el homenaje más emotivo fue la inauguración de una escultura en su honor en la rotonda cerca de Arrecife, en 1999. Esta escultura, un juego de formas y volúmenes que recuerda sus famosas "juguetes del viento", sirve como un constante recordatorio para los habitantes y visitantes de la isla de la indomable pasión de Manrique por la belleza y la naturaleza.

En el ámbito educativo, diversas instituciones han establecido becas y programas de estudio en su nombre, incentivando a jóvenes artistas a seguir sus pasos, explorando la intersección entre arte, naturaleza y sostenibilidad.

A nivel internacional, varias organizaciones de arte y conservación han otorgado premios en su memoria, buscando reconocer a aquellos individuos y proyectos que, al igual que Manrique, se esfuerzan por encontrar ese equilibrio entre la expresión artística y el respeto por el entorno.

Pero, más allá de los premios formales y las placas conmemorativas, el mayor reconocimiento a César Manrique yace en la admiración cotidiana de aquellos que, al visitar Lanzarote, quedan cautivados por su visión. Cada mirada de asombro, cada suspiro de maravilla ante los paisajes que él ayudó a moldear, son un homenaje silencioso pero poderoso a un hombre que, con amor y determinación, transformó una isla y, en el proceso, dejó una marca indeleble en el mundo del arte.

Reflexión Conclusiva

Al cerrar este capítulo de la vida de César Manrique, uno no puede evitar ser envuelto en una profunda contemplación. En una época donde el arte y la naturaleza parecían destinados a trazar rutas separadas, un hombre, con su visión y pasión, demostró que estos dos mundos no solo podían coexistir, sino también potenciarse mutuamente.

La vida de Manrique fue una danza constante entre la paleta y el paisaje. Su obra es el testimonio viviente de que el arte no es una mera representación de la realidad, sino una celebración de ella. En cada rincón de Lanzarote, en cada piedra, en cada ondulación del terreno, Manrique vio una oportunidad para expresar, para embellecer y, más importante aún, para preservar.

Su vida y obra son un recordatorio de que nuestra relación con el entorno no debe ser de dominio, sino de simbiosis. En un mundo que lucha constantemente con los desafíos del cambio climático, la degradación del ecosistema y la urbanización sin control, la filosofía de Manrique se presenta más relevante que nunca. Su amor por Lanzarote no se limitó a admirar su belleza, sino que trabajó incansablemente para garantizar que esta belleza perdurara para las generaciones venideras.

En este viaje por la vida y legado de César Manrique, hemos explorado no solo el mundo tangible de sus obras, sino también el intangible de sus ideales. Ideales de respeto, coexistencia y amor por la naturaleza. Ideales que, a pesar del paso del tiempo, siguen resonando en el corazón de quienes tienen la fortuna de conocer su historia.

El legado de Manrique nos invita a vivir con pasión y propósito, a comprender que cada acción, por pequeña que sea, tiene un impacto en el mundo que nos rodea. Su vida es un llamado a ser conscientes, a valorar la belleza que nos rodea y a actuar como guardianes, no solo como observadores.

Y mientras los años continúan avanzando, y el mundo sigue cambiando, el espíritu de Manrique sigue vivo, soplando como el viento canario, susurrando a cada artista, a cada amante de la naturaleza, a cada ser humano, la importancia de vivir en armonía, de buscar esa delicada pero poderosa intersección entre el arte y la naturaleza.

En la historia de César Manrique encontramos la inspiración para mirar el mundo con nuevos ojos, para apreciar lo que tenemos y luchar por lo que creemos. Y con esa inspiración en el corazón, con esa pasión ardiendo en el alma, podemos esperar afrontar el mañana, llevando con nosotros el eterno mensaje de Manrique: Vivir con pasión, con propósito y con un profundo respeto por el maravilloso mundo que nos rodea.